暴力を手放す

児童虐待・性加害・家庭内暴力へのアプローチ

佐々木大樹

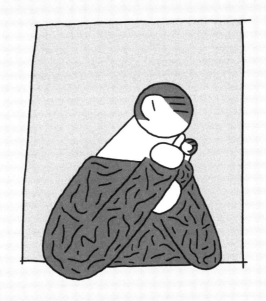

金剛出版

序　文

　「安心・安全」とは当たり前にそこにある——長い間，私たちはそう思って
きたように思われる。しかし，今や安心・安全は自明のものではなく，「暴力
問題への対応と安心・安全社会の構築」が私たちの社会の最も重要なテーマと
なってきている。心理臨床でもそれに呼応するかのように，「安心・安全」を
キーワードとする理論や実践が出てきている。

　たとえば，近年注目されているポリヴェーガル理論は安心・安全をキーワー
ドとするものであるし，また虐待対応領域ではサインズ・オブ・セイフティ・
アプローチ，養育領域ではサークル・オブ・セキュリティ・プログラムが国際
的にはよく知られている。さらにはローカルな実践ではあるが社会的養護領域
では私が考案した安全委員会方式がある。これらはいずれも「安心・安全の臨
床」であると言えよう。

　本書はその流れに沿うものであると言っていいだろう。しかもそれは児童相
談所での著者の長年の実践と思索から生み出されたものである。児童相談所
は，おそらく臨床的にはもっとも過酷な職場の一つである。

　「現場は学問のはるか先を行っている」とは私が幾度か述べてきたことであ
る。それでも臨床心理学を専門とするものとしては，その距離をいささかでも
縮める努力が必要であることは言うまでもない。私なりに微力ながら力を尽く
してきたつもりでいるが，若い人たちにそれを期待したい年頃に，いつしか私
もなってしまった。

　本書の著者である佐々木さんは，そういう私がもっとも期待する臨床家の一
人である。

　佐々木さんとは，児童養護施設等の暴力問題に一緒に取り組んできた。そこ
での暴力問題は，残念なことに施設心理士も児童相談所の児童心理司・児童福

祉司も自分とはあまり関係のない問題だと（建前ではともかく本音では）考えている人が多いというのが私の印象である。そういう中で，いくつかの県では明らかに違っていたのだが，さしずめ愛知県児童相談所はその重要性をいち早く理解してくれた筆頭である。そういう現場で長年児童心理司として勤めてきただけでなく，さらには児童福祉司としても数年の勤務経験まで持っている佐々木さんの理解と対応はこれまたすばらしかった。それは本書で遺憾なく発揮されていると言えよう。

　佐々木さんが，暴力問題で学位を取得し，その成果を著書として出版することになり，こうしてその序文を書くことになったのは，私にとっても大きな喜びである。現場につかりこんでいる人が，学位論文を書くということは大変なことだっただろうと思う。

　厳しい現場で長く勤めた人が，すばらしい成果を上げながら，その臨床的知恵が埋もれていくのをいくつも見てきた。その一方で，よく勉強はしているが，大学で学んだ枠から大きく踏み出すこともなく，現場のリアリティを棚上げにして論文を書くことに専念しているように見える人も多く見てきた。佐々木さんはそのどちらでもない道を歩んでいる。現場にどっぷりとつかりながらも，そこに埋没することなく，「共有できる智恵」を生み出し続けている。その集積とも言えるであろう本書は臨床現場に大きく貢献することだろう。

　本書を通して，「安心・安全の臨床」すなわち「安心・安全のアセスメント」とそれに基づく支援・介入の理解と実践が大きく進むことを期待したい。

2023 年 2 月吉日

九州大学名誉教授　田嶋誠一

はじめに

　本書を手に取っていただき，ありがとうございます。まず，この事実に感謝申し上げたいのです。なぜなら「はじめに」をお読みいただいているということは，暴力やその支援という気が重くなるテーマに，わずかであれ関心を持っていただいた，ということだからです。そのことを心強く，また嬉しく感じます。せっかくご覧いただいたので，本書の結論だけでも先にお伝えできればと思います。

　　暴力は他者が防ぐものではなく，自ら「手放す」ものである。暴力を手放す
　　支援とは，人のこころにも，道理にも適うよう支援する「情理（じょうり）の
　　臨床」である。

　情理とは「人情と道理」を表す言葉であり，広く捉えるならば「こころ」と「法（倫理）」と表現できます。この両者に適うよう「情理」を尽くして，暴力を手放すことができるように支援する。そして，情理という視座を備えることによって，支援の現場で臨床心理学の「知」を生かすことができる。これが本書でお伝えしたい結論です（結論について，もう少し詳しくお知りになりたい方は，最終章の「本書のまとめ」をご覧下さい）。

　とはいえ，そう言われても「抽象的だなあ。支援の役に立つのかな」と，疑問に思われる方がほとんどかと思います。これから，暴力に関する研究をまとめ，事例の検討を通じて，暴力を手放す支援（以下では**「手放す支援」**と呼びます）を明らかにしていきたいと思っています。本書は博士論文が元になっているため，込み入った話も多いのですが，できる限りポイントを絞ってお伝えできればと考えています。もしよろしければ，最後までお付き合いいただけれ

ば嬉しく思います。

　本書は児童相談所（以下，児相とします）における支援を中心に知見を整理しています。ただし，「児相向け」のマニュアル作りを目的とした本ではありません。児相という一領域を「事例」として，一つの支援のあり方を提案したものです。つまり，本書における児相は，事例研究における「一事例」と同じ位置づけになります。

　この試みを通じて，児童福祉領域はもちろん，他領域とも共通しうる知見を可視化し，支援の「共有知」を積み増すことができればと考えています。したがって，本書は児相や児童福祉施設だけでなく，学校，医療機関，司法機関といった暴力にかかわる現場の支援者に向けて書かれています。同時に，他の学問分野において「暴力」に関心を持たれている方，そして，暴力を手放そうとする方（本書ではクライエントと呼ぶことにします）やその家族に向けて書かれています。

　本書は，なぜ人は暴力を振るうのか，という原因探求の問いに「答えていく」ことよりも，どうしたら暴力を手放す可能性が高まるのか，そのための「試行錯誤を並べる」ことを意識しています。それは暴力が単一の原因で生じ，唯一の方法で解決するというものではないためです。原因以上に現在と近い未来に重心を置いているとも言えますが，この構造は心理療法と同じです。

　加えて「どうしたら暴力を手放す可能性が高まるのか」という問いは，クライエントと支援者の双方に向けられています。それは，単に協働して支援に取り組むことを意味しません。支援者が暴力を振るわれるだけでなく，暴力を振るう可能性があるという前提に立っています。これは，クライエントと支援者の双方を区別しない立場と言えます。

　というのも，支援者が暴力を扱うこと自体，技術的にも心理的にも多くの困難が伴うためです。筆者自身，特別な才能や技量を持ち合わせず，手放す支援ができるのか，不安や疑問を抱いてきました。現在もこうした悩みが解消されたわけではありませんが，本書は，筆者でも可能な支援，言わば「普通の人ができる支援」を探る試みです。

　そう聞くと，どのような激しい暴力だろう，と想像なさるかもしれません。本書で扱う暴力は，児童や保護者が振るう暴力を想定していますが，いずれも犯罪として逮捕されない，あるいは強制的な入院加療の対象にならない暴力で

す。それは，日々の生活の中で「出合いやすい暴力」と言えます。確かに，こうした水準の暴力は，耳目を集めるほど派手なものではありません（つまり，スポットライトが当たりにくいものです）。しかし，この水準の暴力とは，自分以外の誰かが対処してくれる暴力ではなく，各現場の支援者自らが向き合わざるを得ないようなものです。つまり，手を焼くのに，代わりに対処してもらえないというわけです。しかも，この水準の暴力においてすら暴力の性質や手放す支援の難しさは維持されています。こうした現状も，手放す支援を明らかにしたいと思った理由の一つです。

　臨床心理学は，人のこころについての仮説を立て，症状の緩和や問題の低減だけでなく，人の適応・成長・自己実現，そして人が生きることに寄与する実践的な学問です。しかし，臨床心理学は，ある課題を抱えているように思います。その一つが，自ら「悩みにくい」人への支援です。というのも臨床心理学は，基本的に自ら「悩む」人に支援を供給することを前提とした学問ですが，暴力を振るう人は，しばしば本人が悩むのではなく，暴力を振るわれる側が辛い思いをし，悩むものです。そのため，臨床心理学で積み重ねられてきた支援がそのままでは暴力を振るう人に届きにくい，という現状があります。

　一方で，暴力を振るう人が悩みにくいという事実は，当人が生きる上で「苦しまない」ことを意味しません。生きることに苦しみ，困難を感じる人を支援することは，臨床心理学の役割です。その意味で，手放す支援に取り組むことは，自ら悩むことが難しい人に支援を届けようとする試みであり，これまでの臨床心理学と支援現場の間に，橋を架けようとすることでもあります。

　本書は支援現場から生まれました。本書自体が支援の場で考え，支援の場を支えるブリコラージュ（bricolage：器用仕事；Lévi-Strauss, 1962/1976）の一例になれば嬉しく思います。

目　　次

暴力を手放す

児童虐待・性加害・家庭内暴力へのアプローチ

第1章

手放す支援の難しさ

　20世紀が「暴力の世紀」となったことを指摘したのはハンナ・アーレントでしたが（Arendt, 1972/2000），21世紀もなお「暴力の世紀」と言いうる時代が続いています。法哲学者であり，自身も戦争を経験した小林直樹は，日常生活の中で暴力現象が見当たらないことは稀である，と指摘しました（小林, 2011）。

　しかも，それは遥か昔から連綿と続いてきたのです。極端な例で言えば，ギリシャ神話における最初の暴力は，ウラノス（天）によるガイア（大地）への性暴力です。その性暴力は，息子クロノスによる父ウラノスの「去勢と追放」という暴力も生みました（饗庭, 2008）。そのクロノスでさえ，支配の維持のために我が子に暴力を振るったことで，息子ゼウスによって暴力を受けています。

　こんなふうに突然神話を持ち出されたら「わかりますけど，あくまで神話のことですよね」と思われるかもしれません。しかし，興味深いことに，この一連の神話には，暴力の性質——支配・連鎖・関係を蝕むありよう——が豊饒かつ警告的に示されています。この性質は「剣を鞘におさめよ。剣による者は皆，剣によって滅びる」（マタイ福音書26章52節）という箴言としても知られてきました。

　人の誕生を考えた時，人は生まれてくる時代も，国も，経済状況も，親も選ぶことはできません。一切の選択権のない，圧倒的な不均衡の中で，この世に生を受けます。そのありよう自体，「暴力的」と言えるかもしれません。

　大変過酷なことですが，胎児の段階から（妊婦と共に）暴力に曝されることもあります。事実，妊娠中の母親が受けた暴力により，出生してきた乳児に，母親と類似したトラウマ症状が現れるという報告があります（Lannert et al., 2014）。また，着床の契機そのものが性暴力である場合もあります。このよ

うに，生まれる前から「生きること」に暴力が侵襲する例もまれではありません。そして，そのことは裏を返せば，そこに暴力を振るう人がいることを暗示しています。

手放す支援を巡る問い

　ただし，実際に手放す支援に取り組もうとすると，たちまち多くの問いが目の前に出現します。暴力とはいかなる性質のものであり，人にどのような影響を及ぼすのか。これまで臨床心理学では，暴力はどのように理解され，どんな実践が営まれてきたのか。暴力とかかわる時，支援者にはどのような方法論やありようが求められるのか。こうした一連の問いは，そのまま本書において考えたいテーマでもあります。

　筆者が暴力について考えるようになり，上述の問いを持つに至ったのは，筆者が心理職として実践を重ねてきた児相において，その中心的な課題が「暴力」を巡るもの，とりわけ暴力を振るうクライエントを巡るものであったことが影響しています。

　児相でかかわる暴力と言えば，真っ先に「児童虐待」が思い浮かびますが，実際は虐待以外にも「児童から保護者への暴力」や「児童間（きょうだい間）暴力」にかかわることも少なくありません（なお，18歳未満の方については，本書では原則として児童と呼称します）。

　それは児相が虐待対応機関であるだけでなく，要保護児童通告（保護を要する児童，つまり家族間に問題が生じ，関係調整が必要な事案について，児相になされる通告のことです）に対応する機関であり，施設や里親に児童を措置する権限を持つ機関だからです。その結果，児童から成人まで暴力を振るう多くのクライエントとかかわることになりました。

　一方，現在のところ，臨床心理学という学問から見て，手放す支援に関しては十分な蓄積があるというところまでは至っていません。それは，手放す支援がしばしば困難なものとなるために結実することが少なく，結果として言語化される（学問として蓄積される）ことが他の支援と比べて多くはないためです。

手放す支援が難しい理由

　では，手放す支援が難しくなるのはなぜでしょうか。まず，暴力を振るうクライエントは，児童であれ成人であれ，自らの欲求や感情について，考えることや言語化に困難を抱えています（中井，2007）。だからこそ，暴力という形で欲求や感情が表出されるわけです。一方で，多くの心理療法は，クライエントの内省機能や象徴機能，言語化能力を頼りに行われます。ということは，暴力を振るうクライエントは，自分の最も苦手な部分（内省機能，象徴機能，言語化能力）を用いて，最も解決が必要な課題（暴力を手放すこと）に挑戦することになります。そのため，手放す支援は必然的に「難事業」となります。

　また，この支援は「暴力を手放す」という明確な方向性を持つものであり，必ずしもクライエントの意向や希望に沿うものではないことも支援を難しくします。暴力自体，クライエントにとっての「対処行動」という側面も持ちます。それは当人が意識するかどうかに関わらず，暴力を振るうクライエントにとって，暴力が何らかの「利益」をもたらしていることを意味します（この利益には，現世的な利益から脳の報酬系の興奮といった目に見えない利益まで含まれます）。そのように利益をもたらす行動を断念する必要があることもまた，暴力の手放しづらさにつながっています。

　加えて，支援の「始まり」という面から見れば，解決や支援を求めて来所するクライエントと異なり，暴力をはじめ，加害を主訴とするクライエントは，行政機関・司法機関に「強要」される形で，支援者の前に現れます（門本，2019）。つまり，本人の希望に基づいて始める支援ではない，ということです。支援が終わる時には「取り組んでよかった」と語るクライエントもいますが，基本的に支援が望まれていない（あるいは支援に反発する）状態から，手放す支援は始まります。そのため，手放す支援は難しいものになります。

児相が抱える課題

　ただでさえ手放す支援は難しいのですが，ここに各現場が抱える課題が加わり，手放す支援はさらに難しくなります。ここでは児相を例に考えてみます。まず，児相特有の課題を理解するために，児相の概要と困難に触れておきま

す。児相で働く方以外はなかなか興味を持ちにくい部分かと思いますが，手放す支援をさらに難しくする「現場特性」の一例としてお読みいただければと思います。

1. 児相の概要

　児相は児童福祉法により設置が義務づけられている地方自治体の行政機関であり，原則18歳未満の児童とその家族を支援対象としています（厚生労働省，2020）。

　虐待相談だけを行っている印象がありますが，実際には，療育手帳（知的障害の方に発行する手帳）の判定，発達や行動の問題に関する相談，一時保護，施設への措置，里親関連業務，市町村の援助等，幅広い役割を担っています。

　現在に続く児相は，1947年12月公布の児童福祉法により設置されました（川﨑ら，2013）。詳細は，佐々木（2018a，2018b）にまとめていますので，ここでは概要を述べます。

　1947年から10年ほどは戦災孤児の「収容保護」が児相の主な役割でしたが，1970年代になると障害を有する児童とその家族への支援，1980年代に入ると不登校・いじめ・非行といった幅広い相談を受けるようになります。その後，1990年に児童虐待の統計が開始，2000年には「児童虐待の防止等に関する法律」が施行，2004年の法改正により児相が虐待対応を担う専門機関として位置づけられます。

　2005年以降は，児童の安全を優先し，即座に一時保護や施設入所に至る事例が増えました。支援対象も保護者にまで広がり，支援は介入的な色合いが濃くなっていきました。2007年の児童福祉法改正によって，解錠等を伴う「臨検・捜索」が可能となり，児相はさらに介入的な役割も担うようになります。一定の手続きを踏めば，鍵をかけていても解錠できるのですから，いかにも強い権限です（解錠，という穏やかな言葉ですが，要するに鍵を壊すわけです）。こうした権限は，児童虐待を解決しようと考えた先人たちの尽力によって，得ることができた貴重なものです。

2. 児相の抱える困難——役割の二重性

　一方で，この過程は，支援役割を担う福祉行政機関（児相）に，法的な介入

役割を「追加する」ことを意味しています。権利擁護（虐待からの保護）という司法的問題に福祉的手法で対応している「ねじれ」が存在していたわけですが，その「ねじれ」を司法インフラの整備（裁判所による介入の増強等）という本質的な解決ではなく，児相（福祉行政機関）の法的権限を強化する形で凌ごうとするものです。その結果，現在の児相は「介入役割と支援役割」という二重の役割を抱えることになりました。

　2019年には二重役割の解消を目指し，児相を介入と支援に機能分化させるための法改正も行われましたが（厚生労働省，2019），元々リソースの乏しい児相内をさらに分割することで負担が高まっています。欧米では，介入役割を司法機関が担い，支援役割を行政機関が担う形で役割分担されており（水野，2010），社会全体で介入と支援の両立が可能になっています。

　しかし，日本では児相一機関が支援役割と共に，より先鋭化された介入役割を両立しなければなりません。「それほど強い法的権限が付与されたなら，児童虐待は解決できるのでは」と感じられる方もおられるかもしれません。しかし，児相に付与されている法的権限は，あくまで被害側である児童を家庭から「引き離す権限」であり，暴力を振るう保護者に対して，逮捕や拘束など暴力を振るえないようにするものではありません。

　暴力を振るう保護者への司法介入（逮捕等）が少ないことで，暴力を振るわれている児童の方が家を離れ，一時保護所や児童養護施設に行くことになります。これは，暴力を振るった側は住み慣れた場所で生活ができ，暴力を手放す動機づけが高まらない一方で，暴力を振るわれた児童がこれまでの生活やつながりを切断されることを意味します。二宮（2012）は，親が暴力を振るい，指導に従わない場合に，児童を一時保護し，施設に入れるという福祉的介入が行われることは，親を改善する道具として児童を「利用する」ことを黙認する制度設計であるとして警鐘を鳴らしています。道具，とは穏やかならぬ表現ではありますが，児相は権利擁護を担う機関でありながら，これまで通りの生活の維持（これも基本的な権利です）ができない，という深刻な自己撞着に陥ることとになります。

　さらに衣斐（2019）は，介入と支援を同一機関が担うことについて「親側にすれば，支援は名ばかりで，いきなり来て子どもを連れていく『人さらい』にうつる。自分を加害者扱いして子どもを連れ去ろうとするものに対し，素直に

支援を求めることはしがたい」（衣斐，2019，p.199）と指摘しています。

　しかし，クライエントが支援を求めない，支援に反発するからといって，法的・社会的要請が取り下げられることはありません。むしろ，反発する保護者だからこそ支援を届ける必要がある，というさらに困難な要求に児相は直面することになります。

一機関の困難は社会の困難につながる

　手放す支援から話が広がっていますが，現場特性の裾野（影響）を理解していただきたいので，あと少しだけお付き合いください。

　和田（2019）は，豊富なデータに基づき，虐待死の原因が研修・連携の不足といった児相機能にあるのではなく，司法関与の少なさ，一時保護・社会的養護の圧倒的なリソース不足，資本投下の少なさと深く関連していることを指摘しました。そして，児童虐待は福祉の課題からすでに「司法の課題」に移っている，と述べています。

　こうした，司法関与の少なさとリソース不足をそのままに，児相の機能分化や専門性の強化のみが謳われるとすれば，児童虐待（ひいては暴力）問題の本質を社会が捉え損ね，結果として社会による「ネグレクト」を促進することになってしまいます。

　しかも，この危機は児相で象徴的に顕在化しているだけで，他の機関にも波及するものです。なぜなら，児相以外の機関もまたそうした課題を抱える児相に通告することになりますし，仮に一時保護が行われた場合，暴力を振るった保護者のみが地域に残り，これまで地域の方が積み重ねてきた児童本人への支援を続けることができなくなるためです。

　ここでは児童虐待（保護者から児童への暴力）を例に考えてみましたが，他の暴力（家庭内暴力や児童間暴力等）についても本質的には同様です。つまり，暴力を振るう側への司法関与および治療（支援）命令が，支援を機能させる前提条件になる一方で，現状では他の暴力についても司法関与は少なく，手放す支援が一層困難なものになっています。

　例えば，児童がきょうだいや保護者に暴力（性暴力を含む）を振るい，警察が認知した場合，その児童自身の触法行為（傷害・強制わいせつ・器物損壊

等）として司法的に取り扱うのではなく，「保護者の監護能力に課題があるため，児童が暴力を振るった」として，児相に要保護児童通告がなされています。すなわち，暴力を振るった側（児童）ではなく，その児童を育てる保護者の責任（養育能力）が問われる形で，児相に通告がなされるわけです（ここにねじれが生じます）。もちろん，警察は多数の事件を扱う中で，専門家として，その違法性と送致について判断しているわけであり，そこに瑕疵があるわけではありません。また，共に仕事をする中で多くの警察官が献身的に任務にあたっていることを個人的には感じてきました。

　一方で，こと手放す支援に関して難しいのは，保護者からすれば，藁をもすがる思いで警察に連絡したところ，図らずも保護者自身の養育が問題視されることになります。一点の曇りもない養育ができる保護者はいません。結果として問題なく見える保護者がいるだけです。その意味で，窮状を訴えた際に自らの養育の課題性を示唆される保護者の心境を考えると，いたたまれない気持ちにもなります。まとめれば，児童の暴力においては，児童虐待以上に，暴力を振るう側の責任が問われにくい制度設計（運用）となっているわけです。

手放す支援はどのように見られているか

　ここまでは手放す支援を難しくする現場特性を見てきました。ここからは再び手放す支援に話を戻したいと思います。このようにさまざまな困難を見てきますと，手放す支援は「難しいものだが大切なものではある」という共通認識自体は存在しているように感じられたかもしれません。確かに児童虐待については解決すべきものという共通認識はでき始めていますが，暴力の種類を広げて考えた時，とりわけ児童の暴力については，必ずしもそうとは言えない現状があります。

　児童福祉施設で暴力を振るう児童を例に考えてみます。ここも児童福祉施設に馴染みの薄い方は，手放す支援がどう考えられているか，その一例としてお読みください。

　非常に荒っぽいまとめ方になりますが，現在の児童福祉領域においては，概ね暴力を直接的に変化させようとする支援は「表層的」な支援であり，暴力を振るう児童自身の過酷なライフヒストリーや心的外傷（トラウマ），アタッチ

メントの課題を「軽視した，心ない行い」と解されている，と言えます。

　背景にあるのは「暴力（行動）＝表層であり，心的外傷＝深層であること，表層に着目する支援＝浅く表面的な支援であり，深層に着目する支援＝深く本質的な支援である」という認識論です。また，暴力に焦点を当てる支援が，ライフヒストリーや心的外傷，アタッチメントを重視する支援と，「二項対立」の関係にあるかのように語られる場合もあります。興味深いのは，そうした認識論そのものよりも，その「語られ方」にあります。

　その象徴的な議論を紹介したいと思います。以前，日本心理臨床学会において，児童養護施設の養育を巡って対談が行われました（日本心理臨床学会，2015）。この対談自体，児童養護施設における暴力問題，というセンシティブかつ重要なテーマを扱ったものであることでも注目を集めました。その意味では，筆者にとって，対談者，司会，参加者は，立場や意見は違えど，全員が広い意味で同じ問題に関心を寄せる仲間・同志と考えています（筆者自身，この対談を現地で聴いていました）。その前提の上で，本書では対談の一部を以下で要約・引用してみます。

　対談では，児童養護施設において，暴力をキャッチするというのは，暴力の「聞き取り」をすることではなく，アタッチメントの形成に主眼を置き，日々のケアをすることであり，「ちゃんと日々のケアができていて，個別の関係性，信頼関係，アタッチメントができていれば，そのケアワーカーが来るだけで子どもは落ち着いてくれるんです」（日本心理臨床学会，2015, p.34）という意見が出されました。

　また，対談の終盤，フロアの児相関係者から，これまで現場で長らく児童虐待の対応をしてきたが，児童の持つ問題はアタッチメントの問題に帰着するため，ケアが重要であること，暴力の防止といっても「目の前の暴力は収まるかもしれませんが，子どもの心を育てているのでしょうか」（日本心理臨床学会，2015, p.31）というコメントもなされました。

　これらの発言からは，日々のケアやアタッチメント形成が十分とは言えず，児童の有する心的外傷（トラウマ）への思慮が及んでいない現場を目にして，心を痛めていることが伝わってきました。筆者としても，今も過酷な生を送る児童にとって，ケアやアタッチメントが不可欠なものであること，残念ながらそうしたことが十分満たされていない現場も数多く知っている経験から，いず

れの発言・主張も首肯できる内容だと感じました。

　同時に，「目の前の暴力をおさめること」と「日々のケアやアタッチメント形成を軽視すること」が同じものとして語られていることに気がつきました。そして，そのことを興味深く思いました。暴力をおさめること，日々のケアやアタッチメント形成，これらの中身は，いずれも相当幅のある営みであるにもかかわらず，これらが強く同一視され，議論が展開されていたためです。その様子は，普段は俯瞰的に粘り強く考えることができる経験豊かな専門家でさえ，暴力に関することになった途端，まるでさまざまな角度から考えるための「スペース」が奪われたかのようでした。

　手放す支援と日々のケアやアタッチメント形成といった営みは，本当に二項対立の関係にあるのだろうか。暴力に関する議論になると，どうして視野狭窄が起こったような状態になるのだろうか。そうした問いが浮かんできました。

　当然ながら「専門家でさえ，そのような状態（考えることができない状態）になること自体，暴力の背景に心的外傷（トラウマ）があり，多大な影響を及ぼしている証拠そのものである」という理解もあり得るとは思いましたが，そうした理解すら，暴力＝表層，心的外傷＝深層，という先の認識論的前提に回収されることになってしまいます（実際は，認識論の問題よりも真実を一つに決めようとする語られ方の問題が大きいのですが）。一連の議論の中で，田嶌誠一は，次のように述べています。

　　愛着とかトラウマとかが必要ないといっているのではなくて，安心・安全を基盤にしたトラウマケア，安心・安全を基盤にした愛着のケアが必要だと申し上げているだけです（日本心理臨床学会，2015, p.33）。

　この田嶌の言葉は，日々のケアやアタッチメント形成に焦点を当てた支援と，暴力に焦点を当てた支援が二項対立の関係ではなく，両支援が段階的な関係にあること，状況によっては，その両者が「同じもの」である可能性も示唆しています。

　筆者自身，支援を重ねる中で，暴力という「行動」，暴力にまつわる「思考」，そうしたものに変化が訪れ始めた時，意識的な水準に留まらず，クライエントのアタッチメントや「生」そのものにすらインパクトが及ぶ，という経験がありました。

暴力を手放すこと，「生きる」こと

暴力を手放すことが「生」にまで影響を及ぼす，と聞いたとしても，すぐにはその内実が想像しがたいかもしれません。そこで，ある言葉を紹介したいと思います。次の言葉は，児童養護施設に入所当時，中学生だった女子児童が成人してから語った内容です。女性が入所していた施設は，当時暴力が吹き荒れていました。その中心にいたのが，当該の女性です。暴力を手放す過程について，次のように語っています。

> 自分は守られなかった側なのに，どうして下の子ばっかりが守られるんだろうと腑に落ちませんでした。しかし，暴力や暴言などを我慢するうちに下の子が少しずつ慕ってくれるようになりました。慕われると人を信じられるようになり，思いやることができ，独りではなくなりました。また，素直になれることもできるようになりました（當眞，2016, p.69）。

この語りからは，児童養護施設で生活する中で，児童自身が護られることを切に願った時期に，護られなかったことへの激しい痛みが伝わってきます。それでも自ら暴力を手放し，自らの「生」を引き受け，自分自身が変わっていくありようを教えてくれます。

信じる，思いやる，独りではない，素直になれる。これらの言葉は，どれも珍しいものではありません。むしろ，よく耳にするものです。しかし，自分自身の意図に反し，幼くして児童養護施設に入所することを余儀なくされ，安全なはずの施設で暴力を受け，暴力を「よすが」として生き延びるしかなかった女性が，「よすが」だった暴力を手放した末に語られた，「信じる」であり「思いやる」です。

これは，支援者がどのようにこれらの言葉を受け取ることができるのかを「厳しく試す問い」でもあります。単に支援者によって暴力を止められたと考えるのか，女性が自らの生を賭けた試みに挑んだと捉えるのかによって，言葉の重みはまるで異なってきます。

支援者は「現代的な生」について問われる

　さらに言えば，支援者は，クライエント・支援者が共に生きるこの現代を，暴力という視点から考え直すことも求められます。事実，皆藤（1998）は暴力性の発動がどの社会においても見られること，秩序生成（法，教育，福祉，科学など）に伴う根源的暴力性や抗いようのない力の侵襲（災害，病，事故など）をいかに引き受けるのかは，いかに生きるのかというテーマに直結すると述べています。

　例えば，現代において，どこまでを暴力とするのか。なぜ暴力を振るってはいけないのか。戦争や犯罪，資本主義による格差と貧困，病や差別，そして暴力が遍在する世界で，支援者が暴力を止める根拠や意義をどう考えるのか。意識するかどうかにかかわらず，こうした問いの前に立たされます。

　これらは抽象的な問いではありません。「暴力を手放せって言うけど，戦争も暴力ですよね。大切なものを守るための戦争も暴力だからって，手放せと言うのですか」「もし殴らなくて子どもが自立できない大人になったら，その責任を負うのは親であり，子ども自身です。あなたに責任がとれるのですか」というクライエントの問いは，上述の問い，すなわち，現代的な生をどう考えるか，という問いの具体例です。

　もちろん，これらは単に暴力を正当化するための言い訳かもしれません。しかし，そのことが現代的な生を問うていないことの根拠にはなりません。なぜなら，仮に言い訳だとしても，その内容自体，現代でなければ出ないようなもの（現代を反映したもの）だからです。手放す支援は，現代的な生のありようを暴力という視点から考える営みでもあり，目の前のクライエントは，現代的な生の課題を支援者に問う存在でもあるのです。

　中井（2004）は，心的外傷に関連する障害が医学と心理学に浮上してきたことは，人類の宿痾としての戦争と暴力に，精神医学と心理学が目をつぶっていられなくなった事態の現れであると示唆しました。これは，手放す支援が「倫理的課題」として，抜き差しならない形で支援者の前に突きつけられている，とも言えます。

支援者が直面する困難

　一方で，手放す支援を引き受けていくプロセスは，支援者に強い不安を惹起します。このプロセスが，暴力そのものへの恐れだけでなく，支援者自身の暴力性（加害者性）と向き合うことも要求してくるためです。

　この困難な要求は，支援者をある陥穽（落とし穴）にいざないます。その陥穽とは，支援者による「暴力の否認」「暴力への選択的不注意」「暴力の過小評価」です（田嶌，2011）。しかも，この陥穽は巧妙な形で現場に潜り込みます。例えば，支援者の「果たしてこれは暴力と言えるのだろうか」「暴力よりも重要なことがあるのではないか」といった，一見「より俯瞰的で思慮的」に感じられる思考として，です。

　もちろん，こうした思考自体に問題があるわけではありません。しかし，これらの思考が用いられる意図によって，ある事態をより深く，俯瞰的に理解していく礎石にもなれば，ある事態を覆い隠すものともなりえます。なにより，この陥穽は，筆者自身例外ではありませんでした。そうであるからこそ，手放す支援について整理しておきたいと考えるようになりました。

臨床心理学の抱える課題

　ここまで，手放す支援を検討する必要性を述べてきました。もしかすると，本書が児相という，限られた分野に関する知見を明らかにすることを目的としていると感じられたかもしれません。しかし，本書は臨床心理学に対する，ある根源的な問い（radical question）を見据えています。というよりも，考えざるを得なくなったと言った方が適切かもしれません。

　その問いとは，「臨床心理学における暴力を手放す支援，すなわち，暴力を手放す『臨床心理学的支援』とは，どのような営為なのか」という問いです。一方で，この根源的な問い（radical question）は，研究上の問い（research question）として限定的に具体化されて，はじめて検討が可能になるものです。そのため，児相を一事例として，手放す支援を具体的に明らかにした上で，明らかになったものをメタ的に検討し，臨床心理学的支援とはどのような営為であるのか，その実相に迫っていくという形をとるわけです。

　では，なぜさまざまな領域で発展が見られる臨床心理学において，こと手放す支援に関しては，このようなことを問う必要があるのでしょうか。その要因は臨床心理学の「学問的前提」にあります。「はじめに」でも少し触れましたが，元来，臨床心理学は，基本的には（あるいは伝統的に）自ら悩み，支援を求めて支援者の前に現れる人に，関係性を土台に心理学的知識と技術を供給し，援助する学問体系として成立してきました。それは，クライエントの一般的な定義が「カウンセリングを求めてきた人」（林，1999，p.202）であることからもわかります。

　もちろん，支援を求めるクライエントの中にも，苦痛を取り除くだけでよい，人に言われて来所しただけ，などさまざまな水準で支援を求めています。また，動機づけが低い，あるいは動機づけがないこともあります。こうした「動機づけが低い（ない）こと」については，臨床心理学においてもこれまで検討がなされてきました。

　しかし，支援に「抵抗を示す」クライエント——時にそれは非常に積極的なものですが——そうしたクライエントをも「当然の前提」とした学問体系になっている，とまでは言えません。門本（2019）は，加害を行ったクライエントを支援する「加害者臨床」は，一切の援助を拒み，嘘をつき，肝心なことを隠し，適当にあしらい，気に入らないと暴れる「いやいや来させられた人」とのかかわりであると指摘しています。

　そして，支援に「抵抗を示す」クライエントの典型が「暴力を振るうクライエント」です。これまで，司法領域（刑事施設や医療観察法下における実践）を中心に，暴力を振るい，支援に抵抗を示すクライエントにかかわる実践が営まれてきました（門本，2019）。ただし，それらの実践は刑務所，少年院，少年鑑別所といった「施設内処遇」が中心となっています。

　一方，児相の場合，自宅から通所する形での支援（社会内処遇）も少なくありません。施設内処遇もありますが，一時保護所や児童養護施設等，矯正施設ではない施設における支援となります。そのため物理的な「外枠」が存在せず，出院や出所に向けて動機づけることは困難となります。加えて，先述したように，本邦の児相に関して言えば，司法インフラが整い，裁判所命令という強制力のもとで，暴力を振るうクライエントと児童福祉機関が出会う欧米諸国とは異なり，強制力がない状況でクライエントと出会うことになります。

　しかし，臨床心理学全体を見れば，（家族に連れてこられる場合はあります
が）基本的には支援を求めて自発的に来所するクライエントを前提とした学問
体系であり，支援の本流，言わば学問が発展する母屋は，医療領域や大学の心
理相談室等で行われている「来所を前提とした相談」です。臨床心理学の概説
書の目次・索引を見ても，保護やケアの対象としての「虐待」はあっても，暴
力を振るう人を支援する「暴力」という項目自体，存在しない場合も少なくあ
りません。ここに，法制度により「強要」されて支援の場に現れるクライエン
トと臨床心理学の学問体系との齟齬があらわれています。

　これらのことが「律速点」（ボトルネック）となり，臨床心理学という学問
において，手放す支援の整理が進まない要因となってきました。それだけに，
暴力を振るうクライエントに「届く」支援が少しでも整理されるのであれば，
暴力を振るうクライエント，そしてその先にいる暴力を振るわれる方の不利益
を減ずることにつながります。

本書の目的

　本書の目的をあらためて整理すれば「児相という具体的で限定的な領域を一
つの事例として，暴力を手放す臨床心理学的支援に仮説的に迫ること」です。
本書で示される支援モデルは，最終的な答えというよりも，ひとまず仮固定
（千葉，2020）されたものです。

　また，本書で暴力を振るう主体として想定しているのは，主に「思春期以降
の児童および保護者」です（本書の後半では，一例として児童の暴力を取り上
げており保護者の事例は出てきませんが，保護者・成人の暴力も支援の対象
としています）。したがって，対象となる暴力の内容は，児童虐待から家庭内
暴力まで幅広いものとなります。また，暴力の水準は，犯罪として逮捕されな
い，あるいは入院加療の対象とはならず，かつ基本的にセラピスト自身が対応
を求められるものをイメージしています。

　本書の問い自体はシンプルですが，答えるのは簡単ではありません。先述し
たように，暴力とはどのような起源を持つのか，これまで暴力を巡りどのよう
な実践が営まれてきたか，といった多層的な問いを含むためです。そこで，以
下の章では，これらの疑問に答えつつ，本書の問いに迫っていきたいと思いま

す。ただし，全体として手放す支援に迫るものでありながらも，それぞれの章自体，独立して読むことができる内容となっています。ですので，興味のあるところから（あるいは興味のあるところだけ）お読みいただければと思います。

　なお，手放す支援を明らかにする，という言い方は，プログラムのような形で結論が提示される響きを持ちます。しかし，本書で明らかにしたい手放す支援とは「支援手順」のみを指すものではありません。手放す支援においては，支援者の「ありよう」もまた明らかにする必要があると考えています。暴力は，支援者を揺さぶるものです。支援者のありようを含めずに手放す支援を考えることは，極端な場合，支援者が支援に取り組むこと自体を避けたり，支援がクライエントへの「暴力」になってしまう要因となります。なにより，手放す支援は，暴力を介してクライエントの生とかかわる営みであるためです。

　ただし，支援者のありようは，クリアカットに示しうるものではありません。また，支援手順についてもクライエントによって変化するものです。そのため，本書では，手放す支援を堅牢で揺るぎのないプログラムやマニュアルとしてではなく，緩やかなポイントを持ち，応用や改変を推奨する「レシピ」として示すことになります。それは極論すれば，「物語（narrative）」として素描するとさえ言えるかもしれません。いずれにせよ，ひとまず仮固定されたものである，という理解をしていただければと思います。

本書で使用する言葉について

1.「手放す」に込められた意味

　最後に，本書で用いる言葉について整理しておきたいと思います。すでにお気づきだと思いますが，本書では暴力防止（再発防止）ではなく，暴力を「手放す」と表現しています。

　この「放」という文字は，元々「邪霊を放逐する共感呪術的な呪儀」を意味しており（白川，1996），そこにはすでに「祈り，願う」ニュアンスが含まれています。「手放す」と表現した理由は，暴力は一時的には外的に止められるもの（防ぐもの）であったとしても，**本質的には暴力を振るうクライエントが主体的選択として「手放す」ものであり，最後にはクライエントは自ら暴力を「手放す」ことができる，との「信」に基づくためです。**

　その意味では，本書において，暴力は「制圧」「抑止」「消去」されるものではなく，自ら手放すものです。そして手放す支援とは，その本質において自らを「解放する」ものです。かつてルソー（Rousseau, 1964/2008）は，欲求によって突き動かされることは奴隷同然であり，自ら定めた法に従うことが自由である，と述べました。このことは，暴力についても同様です。すなわち，暴力を振るうことは，暴力に自らが「束縛された状態」であり，暴力を手放すという自分の選択（自ら定めた法）に従うことが自由となります。そして，その主体的選択が生じる未来に向けたかかわりこそ「手放す支援」と言えます。

　もちろん，初期段階では，外的に暴力を止めることにはなります。これまで暴力を振るってきたクライエントが暴力を手放すことは，そう簡単なものではありませんから。しかし，手放す支援が目指すのは，暴力という形での発露を自ら手放すことができるように支援することです。それは，時として，暴力に代わる行動の形成であり，悪循環の緩和であり，資質を生かす場を用意することかもしれません。いずれにせよ，「制圧」や「消去」ならば，警察をはじめとした，制圧のエキスパートの方が，遥かに効率的で安全な対応が可能です。だからこそ，制圧のエキスパートではなく，援助専門職として手放す支援を行うとはどういうことであるのか，を考えておくことはクライエントだけでなく支援者自身にとっても意味を持ちます。

2. 支援者の呼び方

　最後に，支援者の呼び方ですが，セラピスト（therapist）に統一したいと思います。手放す支援を担う職種は多様であり，心理職に限定されたものではありません。さらに，暴力を手放す，という一定の方向性を持った取り組みを表現する上では，実践（practice）と呼ぶこと，そして暴力という抜き差しならない実務を担う者，という意味では実践家（practitioner）と呼ぶことが現場感覚には馴染みます。

　一方で，本書は「暴力を手放す臨床心理学的支援」に迫ろうとするものです。そこで，本書では，手順そのものについては「支援手順」，支援の担い手については，臨床心理学で標準的に用いられ，治療・援助を職能の核とする「セラピスト」と統一的に呼称し，論を進めます。

　なお，以下の論考では，援助について「実践」と呼称する場合と「支援」と

呼称する場合があります。双方は重なり合うものであり，単純に二分できるものではありませんが，ひとまず，一時保護や施設措置といった介入的な役割から従来の心理的支援まで含めた幅広い営為を覆う総称として「実践」を用います。一方，「支援」はよりクライエントの主体性を重視した援助を指す言葉として用いたいと思います。

第**2**章

暴力の起源を辿る

　本章では，暴力の起源を振り返り「暴力とは何か」について歴史的に考えてみたいと思います。「なぜそんな遠回りをするのだろう」と思われるかもしれません。それも当然のことで，現場では，どうしたら暴力を手放すことができるのか，その支援が優先されるためです。そもそも，じっくり考える「ゆとり」のある職場はどこにもないように思います。

　ただし，暴力がセラピストに及ぼす影響は大きなものです。ただでさえ忙しい中で暴力とかかわることは，こころや考えの「柔らかさ」を摩耗させます。そのままにすれば，支援に「処理」の味わいが忍び込むようになります。次々と持ち込まれる相談に追われ，とにかく相談を終了させることが目的になるような感覚です。そのことでかえって暴力を手放すことから遠ざかることさえ起こりえます。また，セラピスト自身も荒んだ気持ちになり，日々にうんざりするといったこともあるかもしれません。

　そこで，遠回りに見えますが，少し丁寧に暴力の起源を整理したいと思います。そのことが「暴力を手放す」という未来に向けて，気づきやアイデアを得る源泉となり，セラピストのこころや考えの柔らかさを回復する（リフレッシュする）きっかけになればと考えています。

暴力の定義

　「暴力」と聞くと，殴る，蹴るといった具体的な行動が思い浮かびます。こうした行為はわかりやすいだけに「定義するまでもないのでは」と感じられても不思議ではありません。ただ，考えてみると，暴力の定義や境界線は，案外明確ではありません。

　例えば，児童の腕を傷がつくほど強く掴む，という行為だけを見れば，暴力に見えます。しかし，車道に飛び出そうとした児童の腕を強く掴んだ場合，暴力となるのでしょうか。意図が適切であれば（児童の安全を守るなど），暴力ではないのだとしたら，児童が放火したことを注意するために平手打ちをした場合，その行為は暴力ではないと言えるのでしょうか。いや，それは程度や頻度の問題であるとすれば（平手で頬を1回ならいいが，腹部を蹴るのはだめなど），どのくらいならばよいのか，という判断は誰が行うのでしょうか。そして，その判断者の判断が適切である，と誰が保証するのでしょうか。その保証は実際に可能なのでしょうか。このように考えていくと，暴力の定義や境界線は，想像以上に「揺らぎ」を内包していることに気づかされます。ここに，暴力をさまざまな角度から考えていく意味がありますし，議論が錯綜する原因もあります。

　ひとまず本書では，総花的にはなりますが，暴力を世界保健機関の定義である「負傷・死・心理的な悪影響・発達の不良をもたらす（可能性のある）物理的な力の意図的行使」（World Health Organization, 2002）とした上で話を進めたいと思います。

暴力という文字からわかること

　では，はじめに暴力という「文字言語」から，暴力について迫ってみたいと思います。白川（2004）によれば，まず「暴」という漢字は，元々日に曝された獣の屍を表していました。そして「骨を暴す」とは，戦場に遺体を残させることを意味していました。一方，「力」という漢字は，手の筋をかたどったものであり，筋肉や「すきの形」を象徴しています。この二文字の語源から，死や力強さを巡る鮮明なイメージが湧いてきます。

　外国語ではどうでしょうか。谷（2008）によると，現代英語ならびに現代仏語において暴力を意味する「violence」は，ラテン語の vis（力）に由来し「力ずくで○○する」を意味しています。一方，独語の「Gewalt」は，violence と同様の意味で用いられることが多いものの，元々は walten（統制する）に由来する言葉であり，「elterliche Gewalt」（親権）のように「権力・権限」までを意味射程として持つ言葉です。

　純粋に「文字言語」に絞って考えても，暴力とは，獣の屍，手の筋，道具といった具体的（有形的）で荒々しいイメージを喚起させると同時に，権力・権限といった目に見えない，強制力を伴うものまで想像させる，幅の広いものであることがわかります。

暴力の進化論的起源をたどる

　今度は，人類史にも目を向けて暴力を考えたいと思います。人類史のような，比較的長い時間軸の中で考えることで，目の前で起きている暴力の特性を理解しやすくなります。

　進化の歴史を見れば，暴力の起源はヒトよりも古く，当然ながら暴力という「言葉」が生まれるより先に，「暴力と呼ばれうる行為」自体は存在していました。なお，暴力と似た言葉に「攻撃」（aggression）があります。攻撃が動物行動学における競争や対立など，場合により適応的な社会的行動と解される行為と結びつくものである一方，暴力は対人関係・社会的文脈で把握される，他者を傷つける破壊的行動として区別されます（林，2015）。近年では攻撃に関して動物種を超えた神経基盤の研究も行われていることを踏まえ（Lischinsky & Lin, 2020），本書では，さしあたり「攻撃」を暴力の起源・基盤となるような，より広義の生物学的概念として位置づけ，「暴力」と区別したいと思います。

　さて，話を暴力の起源に戻します。広く動物を見てみると，「哺乳類」に限定しても，死に至るような激しい暴力は約 40 ％の動物種において確認されており，中でも「霊長類ヒト科」において高い割合で見られます（Gómez et al., 2016）。

　この霊長類ヒト科の中で，大人の他個体を「意図的に」殺害するのはチンパンジーとヒトだけです（古市，2017）。なぜこのようなことが起きる（できる）のでしょうか。背景には，生物種としての「認知能力の発達」があります。

　動物の縄張り争いを考えてみましょう。認知能力に限りがある動物においては基本的に「今」「ここ」が守られると，それ以上深追いはしません。しかし，認知能力の発達したチンパンジーとヒトにおいては「いつか」「どこか」での利益（不利益）を想像「できてしまう」ことが，苛烈な暴力につながるわけです。また，視線追従といった社会的行動も，霊長類では著しく発達していますが，これらの発達も，協働して暴力を振るう行為を可能にしたのかもしれ

ません。

　進化の過程でチンパンジーと分かれたヒトの祖先が辿った道のりは，さらに過酷なものでした。地球の気候は，鮮新世（530 〜 260 万年ほど前）の温暖湿潤気候から，更新世（260 〜 1 万年ほど前と言われ，氷河期を含む時代です）の寒冷乾燥気候へと大きく変化したと言われています（Timmermann et al., 2022）。要するに，地球全体が寒くなって，食料が減るような大規模な気候変動が生じたのです。そのため，更新世早期において，食料と資源を巡る争いは激しいものとなり，争いの敗者は勝者の「食料」となるような状況も存在していました（Saladié et al., 2012）。

　ただし，ヒトのように攻撃力の弱い動物が他個体を殺すためには何らかの道具が必要となります。更新世に生きていたネアンデルタール人にも意図的な殺害行為は見られましたが（Sala et al., 2015），そうした殺害行為は，ネアンデルタール人が高度な道具制作能力を有することによって可能となりました（岩田，2018）。

　さらに，現生人類の祖先（homo sapiens）は，5 万年前にはすでに現代人と変わらない特徴を持ち，4 万年前には優れた武器と文化を持ってヨーロッパにまで到達し，その後の数千年でネアンデルタール人を殺戮し尽くしたという説もあります（Diamond, 1997/2012）。現生人類はおおよそ紀元前 8,500 年前には食糧生産を始め（Diamond, 1997/2012），農耕開始後，定住が可能となった人類は約 5,000 年をかけ，現代と同様の国家を築くに至りました（Pinker, 2011/2015）。そして今に至るまで，国家が人に対して行った暴力行為は歴史上数えきれないほど存在します。

　認知能力，道具，農耕，そして文字言語（文化）を基礎として集権国家が生み出される過程において，人の暴力は，ヒト（生物種）としての暴力の範囲を遥かに超え，より際限のないものへと変貌していくことになりました。

　このように見てくると，認知能力の発達に始まるさまざまな進化は，ヒトの繁栄の土台であると同時に，致死的暴力の礎石でもあった，と言えるかもしれません。それは，種として生存可能性を高める「攻撃」が，文字通り自らの首を絞める際限のない「暴力」へと変貌する瞬間をもたらしたとも言えます。ヒトが「人」としての歴史を刻み始めると共に，暴力の歴史も刻み始めることになったのは必然でもありました。

　さて，個体間の暴力を考えた場合，暴力の被害に遭いやすいのは「より弱い個体」です。人において，最も弱い個体は，乳幼児を含む「児童」です。そこで，次に歴史上，児童への暴力がどのように行われてきたのかを見ていきます。弱い立場への暴力を理解することで，暴力の本質の一端が垣間見えると考えるためです。

児童への暴力——そのあまりに長い歴史

　ピンカー（Pinker, 2011/2015）によれば，児童への暴力は，古代エジプトやシュメール，ギリシャから中世ヨーロッパなど，古くから世界中のあらゆる国で行われてきました。

　古代から嬰児殺（infanticide）は盛んに行われてきましたが，当時児童は「財産」として扱われるなど，そもそも人として生きる権利は保障されていませんでした（ten Bensel et al., 1997）。また児童は，神の怒り，不安，病気など言わば「禍々しいもの」を納める器（poison container）として，古代より壮絶な暴力の犠牲となってきたという指摘もあります（deMause, 1998）。

　児童への暴力を「問題視しない」傾向は，中世になってもなお根強く続いていました。中世フランスには次のような詩があったといいます（Heywood, 2001）。

　　おさないうちに打ちすえておくほうが
　　おとなになって吊るされるよりはまし　（※ 訳は筆者による）

　ナシエ（Nassiet, 2014）によれば，フランス王国は 16 世紀半ばにはヨーロッパの全人口の 5 分の 1 を占めるような，ヨーロッパ有数の中心的国家となっていましたが，父親が実子を「矯正」（仏語で corriger，英語で correct），すなわち鞭で打って「教育」することが一般的であり，さらには妻や召使いに対しても「同等の権利」を有していました。当時，平手打ち程度は暴力とすら考えられておらず，刑事裁判で科せられる刑罰も基本的に「体刑」（身体的刑罰）であり，多くの犯罪が絞首刑や斬首刑をもって罰せられていました。こうした状況下であるがゆえに，吊るされる（絞首刑）より打ちすえた方がまし，と

いった先の詩が生まれることになったのかもしれません。

　いずれにせよ，当時は，児童を適切に「矯正」する上で，暴力を用いることこそ，児童の将来を慮った「教育的行為」と考えられていたわけです。こうした「本人の将来のために，今暴力を振るう」という考えは，現代の日本で虐待対応をしている時にも，しばしば保護者が述べる内容であり，時代と国を超えた共通点を興味深く思います。

　暴力を「問題視しない」状況は，その後も世界各国で続いていました。18世紀後半の米国では，男女問わずほとんどの児童がさまざまな道具（鞭，スティック等）で叩かれていたことがわかっています（Heywood, 2001）。また，暴力を「推奨する」養育方法がなくなり始めた19世紀に入ってからでさえも，米国における全児童の4分の3は暴力を受けており，暴力を伴う養育はあらゆる社会的階層の家庭において見られていました。19世紀後半の英国においてもまた，ブーツ，陶器，シャベル，鍋，熱湯などあらゆるものが暴力に用いられています（ten Bensel et al., 1997）。残念ながら，これらも過去のこと，とは言えず，筆者自身も実践の中で，熱したスプーンやフライパンを押し当てられた児童と出会うこともありました。

　本邦の歴史を見ても，757年の養老律令においては，親が児童を意図して殺した場合でも2年半の刑に服するだけであり，過失での殺人は無罪となるなど，子は親の「従属物」として位置づけられていました（森山・中江，2002）。また，1200年代においても児童を売った証拠である「売券」の存在も複数確認されています（斉藤，2003）。そして，近代まで当然のごとく激しい暴力が振るわれていました（deMause, 2008）。

　人類史が始まって以来，壮絶という言葉さえ生易しい暴力が児童に対して振るわれてきたことがわかります。しかし，希望がないわけではありません。こうした傾向にも少しずつ変化が訪れることになります。

　1870年代から1930年代までに，西洋の中産階級以上の親の間で，幼少期が経済原理に還元できない，かけがえのない大切なものという価値観が浸透し始めると共に，英国では1872年に児童生命保護法が制定され，米国でも1874年に初めて虐待から児童が保護されました（Pinker, 2011/2015）。それは，「矯正」する対象から「保護」する対象へと，児童の存在が変化し始めたことを意味していました。

　その後，啓蒙的な考えの進展，法の改正，富の増加，規範の変化等が徐々に生じることにより，少しずつですが児童への暴力は減少し，20世紀を通じて，各国で暴力に対する考え方が劇的に変化していきました。こうした，児童保護の流れは，学校教育や予防接種の義務化，女性器切除の禁止，保護者の反対を退けて行われる救急医療措置など，言わば「国家による家庭への介入の流れ」と軌を一にしています（Pinker, 2011/2015）。ここでは児童虐待を例に考えてきましたが，児童による暴力についても，上記の流れの中にあると言えます。

　当然，暴力を「手放す」という考え方もまた，主に20世紀以降に生まれた比較的新しい考え方と言えます。古くからあるものは根強く，新しいものは「か弱い」。残念ながら，いまだ現代は「暴力の時代」です。しかし，それでもなお暴力が少しずつ手放されてきた，という側面に注目したいと思います。

　「ヒト」は暴力をその系統発生的特質として備え，苛烈な暴力を振るってきた歴史がある一方で，教育，文化，法の進展といったさまざまな影響を受け，一度は自ら手にした暴力を「人」として少しずつ手放してきました。これらの知見は，手放す支援を行う際の実践的な心構え――希望は持ちすぎない，しかし投げやりにもならない――をもたらすように思います。

第**3**章

暴力が生じる要因とその影響

　さて，ここまでは暴力について，歴史を「縦断」する形で見てきました。今度は暴力について，生物・心理・社会の3側面を「横断」する形で見ていきます。それは，縦と横が交わるところに暴力の本質があるのではないか，と考えているためです。研究によっては，攻撃と暴力を明確に区別していないものもあります。そのため，暴力と読み替えることができるものに関しては暴力と表記し，動物実験に基づく知見など攻撃（攻撃行動）とすることが相応しいものについてはそのまま攻撃と表記しています。暴力にまつわる研究自体は膨大にありますので，満遍なく紹介するというよりは，支援を考える上で重要な研究に絞って見ていきます。本章の最後に，暴力がどのような影響を与えるのか，被害・加害の両面から考えた上で，支援の意義についても触れたいと思います。

生物的要因

　では，はじめに生物的要因の及ぼす影響から見ていきます。ここでは，遺伝的素因・脳・ホルモンを中心に取り上げます。耳慣れない言葉も多数出てくると思いますので，読み飛ばしつつ，まずはおおまかなイメージだけを掴んでいただければと思います。

1．遺伝的素因
　まず「遺伝的素因」，具体的には，暴力と関係の深いセロトニン，ドーパミンといった脳内の神経伝達物質に関する「遺伝子の影響」です。かなり大まかな言い方になりますが，脳内のドーパミンやセロトニンの量が適切に制御さ

れていると気分や情動は安定する一方で，セロトニン（気分を安定させる。ブレーキの機能）が不足する，ドーパミン（衝動や動機を生み出す手助けをし，報酬を求める。アクセルの機能）が過剰になる，そうした状態と暴力の生じやすさが関連する（Raine, 2013/2015）ということです（原因である，とまでは言えません）。

　例えば，セロトニンやドーパミンの分解と関連するモノアミン酸化酵素A（MAO-A）遺伝子，セロトニンやドーパミンの調整に関連するセロトニントランスポーター遺伝子・ドーパミントランスポーター遺伝子・ドーパミンD2受容体遺伝子について暴力との関連が示唆されています（Raine, 2013/2015）。

　中でもMAO-Aは，ドーパミン等の分解を促進し，攻撃行動を抑制する働きをしていますが，MAO-Aが低活性になることで暴力が生じやすくなると言われています（Kolla & Vinette, 2017）。

2．脳の機能や構造

　脳の機能や構造も，暴力と関連します。脳の機能について言えば，暴力は大脳辺縁系と前頭前皮質を含む一連のプロセスの中で，創発的に（各脳機能の足し算を超える形で）生じると言われています（Nelson & Trainor, 2007）。また，報酬系の不適応（機能不全）によって衝動的な暴力が引き起こされる可能性も指摘されています（Stahl, 2015）。

　一方，暴力と親和性の高い疾患である反社会性パーソナリティ障害のクライエントにおいて，前頭前皮質（理性や実行機能を司る）や扁桃体（情動統制を担う）の体積の減少が示唆されています（原田, 2019）。ただし，遺伝子によって脳の機能的，構造的な発達阻害が生じるため（Raine, 2013/2015），遺伝子か脳か，といった単純な形で要因を切り分けることはできません。

3．ホルモン

　この他にも，オキシトシンやテストステロンに代表されるホルモンもまた，暴力に影響を与えます。これもまた大雑把な言い方ですが，オキシトシン（共感と信頼の基盤となるホルモン）の低下，テストステロン（支配や優位性を得ようとする行動の基盤となるホルモン）の過剰と，暴力（あるいは暴力が生じやすい状態）が関連しています（Pinker, 2011/2015）。厳密には，濃度が同じ

でも感受性の高い受容体があるかどうか，また受容体の数によってもその効果も変わってきますが，ここではひとまず量の「多い・少ない」が暴力と関係があるようだ，とおさえてください。

4. その他の生物的要因

　遺伝子やホルモンと比べると，かなりマクロな視点にはなりますが，遺伝に規定されている可能性の高い行動の存在が示唆されています。その中でも幼少時の「感覚探求（刺激希求）性」「過活動」「恐怖心のなさ」「低い自己統制力」「ネガティブな情緒」といったものと，後の（暴力を含む）反社会的行動との関連が指摘されています（Moffitt, 2005）。

　さて，ここまで，生物的要因を見てきましたが，いずれの研究からも，精神医学における精神疾患の診断にとどまらない，生物的要因の影響が窺えます。

心理的要因

　続いて暴力の心理的要因について見ていきます。大渕（2011）は攻撃に関する心理的要因を「内的衝動説」「情動発散説」「社会的機能説」の三つに分けて論じています。この分類は暴力にも有益ですので，暴力の心理的要因についてもこの観点から見ていきます。

　まず，「内的衝動説」（暴力は本能であり，個人内の衝動により生じる）として，フロイト（Freud, 1923/1996）は，生の欲動と死の欲動という本能を仮定し，人の持つ破壊性を考察しました。精神分析においては，クライン（Klein, 1934）もまた，超自我不安を鎮めるため，人は破壊的行動をとるという視点を示しています。加えて，羨望（envy）が暴力の引き金になることも指摘されています（Williams, 1998）。この他にも自己愛的な願望が満たされなかったことを暴力の要因とする考え方も示されています（Kohut, 1977/1995）。フロイトの「死の欲動」という概念には生物的要因を含意している雰囲気がありますが，クライン以降では，より心理的・対人関係的な要因を重視しています。

　次に，「情動発散説」（不快な感情を発散させる）として，欲求不満によって暴力を振るい，その結果カタルシスが生じるとする説（Dollard et al., 1939/1959）が報告されています。また，不快な感情状態（レディネス）が，

帰属や予測といった高次の認知機能ではなく，低次の認知機構（連合を指しています。つまり，攻撃の手がかりとなる，意識していない連想のことです）を通じて攻撃として表出されること（Berkowitz, 1989）も示唆されています。

　最後に，「社会的機能説」（暴力の手段的・社会的側面を強調するもの。社会的場面で暴力が何らかの有益な機能を果たしている，とする考え）です。これは環境要因を重視した説でもあります。具体的には「模倣や観察学習」（Bandura, 1973），「悪意の推測」といった社会的認知（Dodge, 1980）により暴力が引き起こされるという研究です。また，生理的な覚醒とその帰属のあり方によって攻撃性が高まること（Zillmann, 1979）も示唆されています。

　なお，大渕（2011）は，情動発散説と社会的機能説の両過程が生じるとする，二過程モデルを提唱しています。また，岡野（2014）も，情動発散説（溜め込まれた怒りの発散）と，内的衝動説（自己愛の傷つきへの反応）の「組み合わせ」により暴力が生じると指摘しています。

　ここに紹介した文献は一部に留まりますが，心理的要因に限っても多くの視点が報告され，現在まで統一見解には至っていないことがわかります。このことは，支援の現場において，複数の仮説を持つことの大切さを教えてくれます。

社会的要因

　最後に，社会的要因（環境因）についても触れておきたいと思います。

　まず，動物では，苦痛となる刺激が出現したり，強化スケジュールが消去されるという外的な環境因によって攻撃行動が強化されるという報告があります（Azrin et al., 1966）。環境因（確立操作）によって攻撃行動に伴う物理的刺激が「好子」（正の強化子）に変化する，そのような研究でした。また，人の代表的な社会的要因は「家族」ですが，家庭内で暴力に曝された児童が長じて暴力を振るうようになることについては，多くの研究が存在しています（Centers for Disease Control and Prevention, 2016）。

　興味深いのは，日々の食事も暴力と関連している点です。具体的には，オメガ3，鉄，亜鉛といった栄養素の不足が暴力と関係しています（Raine, 2013/2015）。この日々の食事は，社会的要因（環境因）であると同時に，一面では「栄養素」という生物的要因とも言えるかもしれません。

　この他にも，文化差も暴力の表出に影響を与えますし（Cohen et al., 1996），宗教やイデオロギーによっても暴力は引き起こされます（Pinker, 2011/2015）。

　こうした社会的要因の影響は，暴力が「人」固有の部分を含むものであることの証左と言えます。とりわけ，文化や宗教，イデオロギーは，文字言語を基盤とするものであり，この文字言語が人に与える影響は計り知れません。同時に，ここに手放す支援の可能性も見えてきます（手放す支援もまた，文字言語が基盤にあるためです）。

要因は複雑に相互作用する

　ここまで，暴力の生物的・心理的・社会的要因について，それぞれ見てきましたが，これらは相互作用しています。

　先述した食事の例だけでなく，例えば MAO-A は，MAO-A の低活性（生物的要因）と幼児期の被暴力体験（社会的要因）が組み合わさることで，長じてから暴力を振るいやすくなること（Caspi et al., 2002），胎児期の脳の発達阻害や出生時の合併症（生物的要因）と，不遇な家庭環境（社会的要因）との相互作用が暴力を引き起こすことも知られています（Raine, 2013/2015）。

　反対に，過酷な成育歴（社会的要因）が遺伝子発現（生物的要因）に影響を及ぼすこともあります（Caspi et al., 2002）。これは「遺伝子→脳→攻撃的行動というパターン」（Raine, 2013/2015, p.388）だけでなく，環境から脳への影響が「一般に考えられているよりも強い」（Raine, 2013/2015, p.389）ことを示しています。そして，この環境の影響力もまた，手放す支援の可能性の根拠となるものです。

　例えば，親との日々の食事（社会的要因）が，反社会的で攻撃的な行動と関係の深い，DRD2 遺伝子の作用（生物的要因）に影響を及ぼすことがわかっています（Guo et al., 2007）。これは，心理的・社会的支援が，心理的・社会的次元への影響に留まらず，生物的次元にも影響を及ぼすことを示唆するものです。実際，暴力に限定せず，広く研究を見てみると，認知行動療法が認知的変容だけでなく脳の機能不全の改善にも影響を与えること（Paquette et al., 2003），心理療法が薬物療法の治療機序とも共通した部分があることも報告されています（Thorsen et al., 2015）。

各要因に目を向ける意味

さて，ここまでは各要因とその相互作用について見てきました。もしかすると「医療機器を使って脳内を見ることもできないし，薬が出せるわけでもないから，そこまで詳しく知る必要があるのだろうか」と思われる方もいらっしゃるかもしれません。

しかし，感覚探求（刺激希求）性や低い自己統制力が暴力と関連していることを知っていれば，成育歴を聴取する際に，より丁寧になるかもしれません。また，生物的要因の影響を理解しておくことで，支援の意味や方向性（心理支援がクライエントの生物的次元に影響を与えうることなど）を，より適切に理解することができるかもしれません。

また，心理職は，専門職教育の中で個人の心理的要因へのアセスメントや援助を中心に学びます。コミュニティ心理学もあるとはいえ，その中心は個人へのアプローチを前提とした学びです。そのため，環境（社会的要因）へのアプローチを巡って「これは心理職の仕事なのだろうか」といった悩みを持たれる方もおられるかもしれません。教育プロセスや学問体系を考えれば無理もない疑問だと思います。

一方で，手放す支援に関して言えば，個人への支援であれ，環境へのアプローチであれ，クライエントに影響を与える支援となります。しかも，前述の通り，心理支援は心理的・社会的次元に留まらず，生物的次元にまで到達する可能性を持ちます。そのことを考えた時，個人への支援も環境へのアプローチも，暴力を手放すという意味では，同一平面上に配置できるものです。したがって，個人から環境まで幅広い支援のいずれもが，暴力を手放す上では「心理支援」と言えますし，いずれも担うことが望ましいものだと考えています。

多様なアプローチの土壌となる輻輳的視点

さらに話を広げてしまえば，知見そのものと同じくらい，概観した際の「輻輳的な視点」に意義があります。すなわち，暴力は「暴力＝怒りの発散」「暴力＝トラウマ」「暴力＝強化スケジュールの消去」といったような単純化が難しい輻輳的なものですし，それゆえ支援も輻輳的になります。暴力を捉える思

考が狭まれば，支援の貧困化を招く懸念があります。裏を返せば，絶対的で完全な原因特定を断念することではありますが，この「輻輳的な視点」をセラピストが備えておくことは，現場において多様なアプローチを思いつく土壌（きっかけ）となります。

　したがって，本書では「人間存在にとっての暴力とは何か」という大きな問いへの答えは用意できていません。言わば結論の中断です。しかし，絶対的な解答を求めることは決断主義（決断自体を正しさの根拠とする排他的思考）に陥ります（千葉，2020）。中断することにより，輻輳的視点がもたらされるわけであり，今はこの実務上の利益に目を向けたいと思います。

　さて，ここまでは暴力の要因について見てきました。こうした性質を持つ暴力は，人にどのような影響を及ぼすのでしょうか。そこで，ここからは暴力が人に及ぼす影響について，暴力被害と暴力加害の両面から見ていきます。そして最後に，手放す支援を行う意義についても検討します。

暴力被害の影響

　まず，暴力を受けることは，人にどのような影響をもたらすのでしょうか。

　例えば，児童の暴力被害（被虐待経験）について言えば，扁桃体や海馬の機能が変化することが知られています（岡野，2008）。また，暴力により前頭前皮質の容積減少が生じるだけでなく，暴言のみでも聴覚野のシナプスが形成過多となり，脳に過剰負荷が発生すると言われています（友田，2016）。これら脳の機能的・構造的変化の結果，短期記憶や注意力，認知能力にも障害が及びます（友田，2013）。

　また，児童への暴力は反応性愛着障害を引き起こし，その結果として脳の報酬系の機能不全が見られることもわかっていますが，報酬系の機能不全は，褒め言葉の届かなさや関係の築きにくさにつながり，養育困難を引き起こす素地となります（友田，2017）。

　暴力の影響は，脳のダメージに留まりません。幼少時から暴力が繰り返されることで，知的発達の遅れ，精神疾患の発病，触法行為，自傷他害のリスクが高まることもわかっています（田中，2016）。近年では，虐待や家庭内暴力の目撃をはじめとする「逆境的小児期体験」（Adverse Childhood Experiences：

ACEs）という観点において，「成人後の身体疾患や死亡率に寄与するリスクファクター」と ACEs との関連も明らかになっています（Felitti et al., 1998）。これは，成人後の身体疾患といった，一見暴力と関係のなさそうなものにまで影響が及ぶことを示唆するものです。

　成人の場合はどうでしょうか。暴力は心的外傷後ストレス障害（Post Traumatic Stress Disorder：PTSD）を引き起こしますが，PTSD によって，扁桃体と内側前頭前皮質との間の重要な均衡が変化し，「情動と衝動」の制御が難しくなるだけでなく，自己感覚に関わる脳の部位（前帯状皮質，頭頂皮質，島）の不活性が引き起こされます（van der Kolk, 2014/2016）。

　また，迷走神経等の神経系にも甚大な影響が及ぼし（Porges, 2018/2018），ストレスホルモンを分泌し続ける生物学的システムを持たざるを得なくなるため，睡眠障害や頭痛，接触や音への過敏，注意力や集中力の維持困難が見られるようになります（van der Kolk, 2014/2016）。

　加えて，自己や対人関係の認知（スキーマ）に深刻な問題が生じるため，親密な関係を築くことも困難となります。外傷神経症の最も普遍的な愁訴は「攻撃的傾向と暴力」であり，しばしば患者が物を壊し，暴力を振るうことが報告されています（Kardiner, 1947/2004）。ただし，それはただちに外傷から暴力へ，という因果関係を意味しているわけではありません。カーディナー（Kardiner, 1947/2004）自身，暴力の原因は，外傷そのものというよりも外傷に端を発する「慢性・回復不能性疲労」であることを示唆しています。

　まとめれば，児童も成人も，暴力を受けることによって，脳が構造的水準でもダメージを受けて機能不全となること，脳以外の神経系にも深刻な問題がもたらされ，その結果と相まって認知・行動レベルにおいても，広範囲かつ長期間にわたって，甚大な影響（被害）が及ぶと言えます。これらの変化は，暴力という困難な事態を生き残るための生体の適応という側面があります。たしかに，暴力を受けたとしてもレジリエンスを発揮し，その人らしく生きていくことができる人もいます。ただし，そのような人であればなおさら，暴力がない環境では（手放す支援が行われたとしたら）一層成長・発達が期待できるように思われます。

　なお，被害者支援を担うセラピストだけでなく，手放す支援を担うセラピストとして，これらの暴力被害の影響を正しく掴んでおくことで，例えば暴力を

手放すためのプログラムや心理教育の内容として活用できます。実際，児童虐待について言えば，暴力によって深刻な影響が出ることを知らない保護者は少なくありません。影響（被害）を理解してもらうだけで暴力を手放すことに一歩近づく場合すらあります。栄養のある「ニラ」だと思い込んで「水仙」を食べさせれば深刻な食中毒が起きるのと同様，意味のある「躾」だと思い込んで「暴力」を用いれば，心身全般に深刻な被害をもたらします。それは，意図の問題ではなく知識の問題です。基本的な（しかしあまり一般的ではない）知識があれば防ぐことのできる被害もあるのです。

暴力加害の影響

　暴力は，暴力を受ける側のみを蝕むものではありません。本質的に，暴力を振るう人も損なうものです。例えば，兵士として暴力加害を強要された場合，人によっては生涯にわたり自責の念に苦しみ続けます（Kleinman, 2006/2011）。ピンカー（2011/2015）は「戦時中でさえ，多くの兵士は自分の武器を発射することはなく，それをしてしまうと PSTD に苦しめられるようになる」（p.196）と指摘しています。ましてや，幼少時に誘拐され，性暴力を受ける一方で，兵士として暴力を強要されることがあれば，その苦しみと孤独は壮絶なものになります（Robjant et al., 2019）。

　そして，虐待のような家庭内暴力であれ，戦争のような大規模暴力であれ，暴力は支配，優位性，権力といったドミナンス（dominance）を巡って生じる側面があります（Pinker, 2011/2015）。ドミナンスの最たる特徴は，際限のないエスカレーションです。田嶌（2011）は，暴力も権力も行使すること自体が快感となるだけでなく，「嗜癖性」があることを示唆しています。嗜癖性があるとは，繰り返し用いても生理的な充足が訪れず（満足できず），用いるほどにかえって「渇き」を感じ，際限なくエスカレートしていくことを意味しています。それは，喉が渇いた時に塩水を飲むようなものであり，暴力を振るう人もまた暴力に縛られ，抜け出すことができなくなることでもあります。

　こうした際限のなさによって行き着く先は，双方にとって，取り返しのつかない事態です。ここでは，児童福祉施設を例に考えてみます。辛い現実ではあるのですが，児童福祉施設においては，職員から児童，児童から職員，児童間

暴力のいずれにおいても，死者が出ています（田嶌, 2011）。被害者は亡くなり，暴力を振るった側は「人を殺めた者」として，生涯を歩むことになります。

　もちろん，死者が出るというのは極端な場合ですが，深刻な暴力が生じ，退所となることは少なくありません。もし退所となれば，施設において営まれてきた生活や人間関係を根こそぎ奪うことになります。それは結果として児童にさらなる「剥奪」を課すことになりますし，乏しいリソースの中で身を削り，懸命に児童にかかわってきた施設職員にとっても外傷的な事態となりえます。

　ここでは，児童福祉施設を例に，暴力の嗜癖性と際限のなさを見ましたが，本質的には，他の領域や他の形の暴力であっても同様の事態が生じる可能性があります。

手放す支援の意義

　こうして暴力の影響を見てくると，手放す支援の意義については明らかなように思われますが，あらためて整理しておきたいと思います。

　まず，暴力を振るうクライエントにとっての意義を考えてみます。手放す支援は，なにより暴力を振るい続けることでもたらされる不利益を低減することになります。中井（2007）は，暴力を振るうことが患者の身体的不利益だけでなく，社会的不利益を生むことを指摘した上で，暴力で反応する習慣を患者が持たないことが社会生活を営む上で重要であると述べています。クライエントが暴力を振るわないことが社会でやっていくための基本条件，ということです。

　続いて，家族への影響です。ここでは，家庭内における暴力を例に考えてみます。これまでに，児童虐待，家庭内暴力，パートナー間の暴力等，多くの暴力は相互に関連し，共通のリスクファクターを持つことがわかっています（Centers for Disease Control and Prevention, 2016）。そのため，保護者に手放す支援が行われ，養育される児童の被暴力体験がなくなるとすれば，後の暴力加害や精神疾患のリスクを下げるといった，長期間にわたる肯定的な影響を児童に及ぼします。つまり，より早期に暴力被害がなくなることは，その後の暴力加害の可能性を低減する（被害児から加害者へと転じることを防ぐ）ことにもつながりうる，ということです。それは，暴力を振るわない分だけ，豊かな対人関係を築きうることも意味しています。

　次に，被害者の治療という側面から手放す支援の意義を見てみます。被害者の有するトラウマや PTSD の治療においては「安全な環境」が不可欠ですが，手放す支援によって，安全な環境が確かなものに一歩近づくことになります。

　ポージェス（Porges, 2018/2018）は，人は怯えたり，脅かされたりすると満足な治癒が望めないとして，治療においてクライエントが「安全である」と感じることが必須であり，まず治療的な環境を物理的に整えていくことが必要であると述べました。「物理的に整える」とは，文字通り暴力を振るわれないこと，そして社会的な交流（対人関係）において脅かされないこと，という二つの意味を内包しています。ハーマン（Herman, 1992/1999），ヴァン・デア・コーク（van der Kolk, 2014/2016）をはじめ，トラウマ治療の専門家たちも，被害者の治療の前提となるものは「安全な環境」であると述べています。

　確かに，避難，保護，転居の形で安全が確保されることもあります。しかし，学校や児童福祉施設等で暴力が起きた場合，必ず転校や措置変更（施設の変更）が行われるわけではなく，現実には暴力を振るった人と振るわれた人が同じ生活圏内（場合によっては同じ学校や施設）で過ごすこともあります。そのため，手放す支援を行うことは，暴力を振るわれた人にとって，環境をより安全なものにする可能性を高めます。その意味では，手放す支援は，暴力を振るった人・振るわれた人という対極的立場を含む，共生のあり方の再考を促す営為でもあります（ただし，ここでいう共生は，必ずしも同居や同一生活圏の維持を意味していません）。

　つまり，手放す支援は，暴力を振るった人と暴力により傷ついた人だけでなく（個人間だけでなく），その個人が所属する集団（家庭，学校，施設等）にとっても，再び共に生きるのか，共に生きるならどのように生きるのか，あるいは別の形を模索するのか，あるべき所属集団の姿とはどのようなものか，といった「生のあり方」の再考を求めるものである，と言えます。

クライエントから見た支援の意味

　ここまでは，主にセラピスト側から見た，手放す支援の意義を検討してきました。今度は，暴力を振るうクライエント側に視点を移し，クライエントにとって，手放す支援がどのような体験になるかを考えてみます。

　まず，支援において，どのクライエントも体験するのは，当然ながら，自分の暴力が「暴力以外」の方法で止められることです。確かに，暴力が激しいほど，セラピストの介入はより強制的になります。介入が強制的であるほど，暴力を止められることを，クライエントは不快かつ侵襲的，場合によっては迫害的なかかわりとして体験することになります。それでも，徐々に，不快で侵襲的な体験から別の体験へ，例えば，暴力を振るわずに済ますことができた自分に出会う，あるいは暴力を振るわずとも他者が応答する体験へと開かれていく契機にもなります。

　また，同じ暴力を振るうクライエントであっても，児童と成人では，異なる体験となる可能性があります。とりわけ，児童の場合は，文字通り成長発達のプロセスの只中にいます。そのため，暴力を振るうという，人も自分も損なう体験はダイレクトに発達に影響を及ぼします。

　田嶌（2011）は，体験の積み重ねのことを「体験の蓄積」（田嶌，2011, p.282）と呼びました。とりわけ，児童の場合には，心理療法やライフストーリーワークといった体験の「活用・再構成」の土台として，まずは体験の「蓄積そのもの」が必要であることを指摘しています。この視点から見ると，セラピストの前に現れる児童には，暴力を受けないことはもちろんですが，暴力を振るわない体験，といった当たり前の生活が，成長過程にもかかわらず積み重ねることができていない場合も少なくありません。

　その中で，手放す支援において，暴力を振るう児童は暴力以外の形で（つまり，暴力を振るわれることなく），暴力を止められる体験をします。そして，気持ちや考えを言語化していく体験を蓄積していきます。もちろん，そこには一種の「断念」「切断」が生じることになります。それは苦痛を伴います。例えば，なぜ自分は暴力を振るわれてきたのに，自分だけが暴力を止めねばならないのか，といった苦痛です。

　ただし，もたらされるのは苦痛だけではありません。こうした体験は，暴力を振るわず，自分の暴力を止めようとするセラピストや施設職員といった人に出会うことも意味しています。この「出会い」の意味は，支援内に限定された体験ではありません。すなわち，手放す支援における体験を端緒として，暴力やドミナンス（支配）による応答ではない世界へと，その視座が開かれていく体験でもあるのです。日々の生活の中で，暴力以外の世界があることを児童自

身が体感し，期待する契機にもなりえます。

　なお，こうした「体験の広がり（蓄積）」は，クライエントのみに生じるものではありません。セラピストにとっても，人がどれほど変わることができる存在なのか，その可能性をクライエントから教わる体験になっていきます。そして，セラピストもまたその体験を「生きる」ことになり，その結果として，セラピストも変化することになります。そのような体験の広がりと蓄積を，クライエントとセラピスト双方にもたらすものが，手放す支援なのです。

手放す支援に関する留意点

　このように書くと「とにかく暴力をなくせばよいのだな」と理解される方もおられるかもしれません。確かに，暴力を手放すことには違いありません。しかし，この点については一定の注意が必要になります。

　岡野（2018）は，暴力に見える「活動性や動き」といったものが，つまり外的世界に「効果」を与えることが，自分が自分であるという感覚を生むこと，そして自らの能動性や効能感の確立に有用であることを示唆しています。また近年では，トラウマインフォームドケアの観点から，暴力をトラウマ反応として理解する見方もあります（野坂，2019）。これらは，「問題」（症状）と見なされるものの中に，個体（生命体）が対処・打開・回復・発達しようとする試み，すなわち「自然治癒力の現れ」が隠し絵のように表現されている（神田橋，2019），という考え方と言えます。

　こうした暴力の多面性を考えたとしても，暴力を手放すという方向性自体が変わることはありません。しかし，それは暴力の多面性について考えなくてよい，ということを意味していません。暴力の多面性を考えることは，治療の多面性を考えることでもあり，多面的な治療の中に，手放す支援をどう位置づけるか，という問いとも関係します。

　ここで，手放す支援の位置づけという点について，さらに別の角度である，東洋医学の視点からも眺めてみましょう。東洋医学における治療は，標治（表立っている症状への処置。対症療法的）と本治（根本的で，原因治療的）からなり，つねに標治と本治が「セット」（標本同治）として意識されています（神田橋，2019）。この考え方は，ともすると，第1章で述べた，表層・深層の二

分思考と同じものに見えますが，樹木の葉と根のように，本質的に「一つのもの」として治療が捉えられている点に違いがあります。

　この視点から手放す支援を考えると，手放す支援は内容や段階によって，標治に近くなることも本治に近くなることもありますが，「今自分が行っているアプローチがどのあたりに位置づけられるものだろうか」と，その位置関係を考慮すること（本治との関係や距離感を意識すること）によってはじめて，手放す支援が，自然治癒力もろとも暴力を消し去る「処理方法」に陥る危険を回避しやすくなります。

　さて，ずいぶんと話を広げてしまいました。ところで，先ほど治療の多面性について言及しましたが，実際のところ，これまで暴力を振るうクライエントに，どのような心理支援が行われてきたのでしょうか。そこで，続く第4章，第5章において，これまで積み重ねられてきた心理支援について見ていきたいと思います。

第**4**章

各領域の支援を概観する

医療，司法，福祉を中心に

　ここまでは，暴力そのものについて見てきました。ここからは，これまでに行われてきた暴力への心理支援について概観していきます。その目的は，手放す支援を考える上での「臨床的示唆」を得ることです。この臨床的示唆は，星座のように（すなわち，構造であり，物語でもあるものとして）見出されるものです。星座は航海の実際的な助けにもなりますし，その物語は，人を豊かにするものでもあります。

　ただ，このように美しいことを言ってはみたものの，文献の数は膨大であり，それぞれが硬派で骨があるため，決して読みやすいわけではありません。流れを追うだけでも疲れるものですので，本章と次章は，じっくりと，しかも休みを入れながら読み進めていただければと思います（場合によっては，いったん飛ばして，事例から読んでいただくのもよいかもしれません）。

　以下では，支援が行われている「領域」という観点から，①医療領域，②司法領域，③児童福祉領域，④教育・精神保健領域，に分けて見ていきます。①と②が成人中心，③と④が児童中心の内容になります。そして，本章の最後に，領域を横断する形で用いられている支援法についても触れたいと思います。

医療領域

　医療領域では，暴力は，パーソナリティ障害，素行障害，間欠性爆発性障害といった暴力と親和性の高い精神疾患の「症状の一つ」として扱われ，治療の対象となっています。これらの精神疾患の中で，比較的多くの研究がなされているものがパーソナリティ障害です。そこで，パーソナリティ障害の治療を中心に見ていきます。

1. パーソナリティ障害の治療

　原田（2008）は，パーソナリティ障害に伴う暴力の見立てと治療について，認知行動療法の観点から次のように述べています。

　患者の過敏さや傷つきやすさは，対人関係でのショックを容易に引き起こす。そのショックが「見捨てられた」「裏切られた」「侮辱された」という思考と結びつくことで，暴力や暴言といった行動化につながる。そして，暴力を振るった結果，周囲との軋轢（孤立）が生じ，一層落ち込みや不安が高まることで，対人関係上の過敏さが維持・増幅されていく。

　これは，個人内要因（非機能的な認知・行動・感情）と対人環境との「悪循環」（円環・相互作用）から見立てたモデルと言えます。治療としては，落ち込みや不安，過敏さに対しては薬物療法を用いて，悪循環の進みを緩やかにしています。そして，暴力そのものには，クライエントが暴力と認めていない粗暴行為が，一般的には暴力に該当することを共通認識にし，違和感を育てる「心理教育」から始め，非暴力的な対処行動を少しずつ身につけることができるように支援しています。個人内要因と対人環境との循環から見立て，支援するモデルは，認知行動療法による暴力へのアプローチの基調となっています。

　また，林（2015）は，暴力を振るう患者（覚せい剤精神病ならびに反社会性パーソナリティ障害）への精神療法のポイントについて，次のようにまとめています。詳細な内容にはなりますが，いずれも重要な項目ですので列挙します。

　まず，前提として，被害者を引き離す，あるいは患者を入院させて直近の暴力の再発防止と被害者の保護を行う。その上で，①問題の自覚と動機づけを高める，②治療契約・制限を設定する，③治療者自身の逆転移に気づいて対処する，④要求に対し適切に対応する（役割の範囲内ならば対応し，範囲外ならば難しいと告げる），⑤体験の言語化を進める，⑥暴力を問題として正面に据えて取り組む，⑦暴力ならびに暴力の防止方法について学習する，⑧認知や行動の変化を確認し，考える力を発展させる。以上をポイントとして挙げています。

　さらに，ベックら（Beck et al, 2004/2011）は，反社会性パーソナリティ障害に対する認知行動療法の留意点として，次の点を指摘しました。①面接への来所と治療構造を維持しつつ，問題に焦点を当てる，②非機能的な思考と不適応行動の関連を明らかにする，③生活や感情に関する対処スキルを構築する，

④怒りと衝動性に認知・行動面からアプローチする，⑤セルフモニタリングを発達させる，⑥クライエントの行動の影響を評価し，行動選択の水準を向上させる，⑦建設的な行動選択を支援する。

　林（2015），ベックら（2004/2011）の知見からは，認知・行動に焦点を絞ること，来所・動機づけの維持を図ること，セラピストのありよう（逆転移への対処等）の重要性が窺えます。とりわけ，林（2015）の報告からは，治療の前提として暴力を止めること，治療の構造（土台）を保つことの大切さを読み取ることができます。同時に，こうしたことが強調されるのは，それらがいずれも一筋縄ではいかない課題であることを示唆しています。

　なお，パーソナリティ障害の代表的な治療法の一つに，弁証法的行動療法があります（Linehan, 1993/2007）。弁証法的行動療法では，治療を大きく 4 段階に分けています。まず「治療前段階」として，治療を阻害する行動を取り扱います。その後，基本的能力を獲得する第 1 段階に始まり，自尊心を高め，学習したスキルを般化させていく第 3 段階まで，段階ごとに治療を進めます。また，弁証法的行動療法では，治療者には「受容」と「変化」など両極的なスタンス（ありよう）をバランスよく両立させることが求められます。このバランスについて，リネハン（Linehan, 1993/2007）は，シーソーの比喩を用いて表現しています。すなわち，上下を繰り返しながらも安定したシーソーの中央へと辿り着くイメージです。弁証法的行動療法からは，治療前段階を含む「段階的な支援」，そしてバランスのとれたセラピストのありようの重要性が窺えます。

2．家族（対人環境）へのアプローチ

　ここまでは，パーソナリティ障害を有するクライエント個人への治療を見てきました。一方，クライエントが児童の場合，クライエント自身だけでなく，家族にも支援が行われています。事実，原田（2018）は，反抗挑戦性障害と素行障害を有し，暴力を振るう児童の症例報告をする中で，親や家族への介入をせず，児童のみへ治療を行う場合，反社会的行動が減少しにくいことを指摘しています。この指摘からも，家族（対人環境）へのアプローチの重要性を読み取ることができます。以下では，暴力を振るうクライエントの家族（対人環境）へのアプローチを見ていきます。

　まず，渡辺・舘（1990）は，不潔恐怖・強迫的傾向から暴力を振るうように

なった高校生男児と家族に対する家族療法を報告しています。男児の家庭内暴力に加え、母は抑うつにより入院をしていましたが、児童の暴力を取り扱いつつも、直接止めるのではなく、児童の暴力と母の抑うつのいずれについても「円環的な相互交流」の一部として捉えて介入しています。東（1991）もまた、家庭内暴力の事例について、暴力が生じる構造を「葛藤とその回避」というシステムの観点から論じ、「問題」（家庭内暴力）を含んだシステムのありように介入する重要性を指摘しています。暴力を優先的に「取り上げない」（特別扱いしない）点が家族療法における特徴です。

　一方、下坂（1999）は、家庭内暴力において、保護者が取るべき行動として、陳腐であっても「手を出してはいけない。物に当たってはいけない。自分を傷つけてはいけない」と、本人を正視しながらゆっくりとした語調で明瞭に伝えること、暴言には本人の言を比較的大きな語調で繰り返し、「あなたはそう思っているわけ」と念を押し、親はそのように考えていない旨をゆっくり、低い声でしかしはっきり伝えることを勧めています。このように暴力を巡っては、治療者のスタンスにより（あるいは取り扱う暴力により）、止めるかどうか、見解が分かれていると言えます。

　先述した弁証法的行動療法はクライエントだけに用いられるものではありません。患者家族に対しても弁証法的行動療法に基づくスキル訓練が行われています（遊佐ら、2019）。家族が「対人環境」として患者に影響を与えるだけでなく、家族もまた患者から影響を受け、悪循環に陥りやすいためです。こうした家族へのアプローチは、患者から見れば環境へのアプローチであると共に、家族にとっては個別支援となっています。こうしたアプローチの「二重性」（環境へのアプローチであり個別支援でもある）も、暴力を巡る支援の特徴と言えます。

司法領域

　続いて司法領域です。司法領域では、暴力を「犯罪行為・他害行為」と位置づけ、基本的な軸足を「矯正」「再他害行為の防止」に置きながら支援を展開しています。司法領域での支援には、大きく刑事施設（刑務所等）を中心とした取り組みと医療観察法下での治療があります。医療観察法下での治療は、医

療・司法の双方にまたがるものですが，本書では司法領域での支援に分類しました。なお，司法領域の研究・報告では，刑事手続を経ていることもあり，暴力を振るった人を「加害者」と呼称することが一般的ですので，本書でもこれらの研究に倣い，加害者と表記します。

1．刑事施設での取り組み

　まず，刑務所での取り組みです。今村（2015）は，官民協働刑務所における治療教育プログラムを報告しています。ここでも技法の中心となるのは認知行動療法です。このプログラムでは暴力加害者を対象に，週 1 回 90 分（計 10 回）の集団認知行動療法を行います。その内容は，①自分史を書き，現在の自分の行動の背景に，どのような考え方や態度があるのかを考える，②犯罪に至るサイクルを検討し，誘発因や高危険状況を理解して対処法を学ぶ，③犯罪の及ぼす影響や加害者の社会的責任をどう果たすかを考えることが柱となっています。一方で，暴力を直視することが難しいクライエントも多いことから，新たな認知行動療法のプログラムの開発・運用を行っていることも報告しています。

　中澤・安藤（2018）は，性暴力加害者への治療プログラムを概観した上で，知的障害を抱えた性暴力加害者へのアプローチ（Sexual Offender Preventive Intervention and Re-integrative Treatment Services Collaborative：SPIRiTS）を紹介しています。この SPIRiTS は，認知行動療法を柱としつつ，マインドフルネス，リラプスプリベンション，グッドライブズモデルを加え，「今・ここ」への気づきと共に，未来についても考える内容となっています。すでに地域生活定着支援センターにおいて予備的検討が行われ，知的障害や発達障害を有する加害者への支援が試みられています（安藤，2021）。そして，社会内処遇においては，再犯防止という観点から「その人を取り巻く環境にアプローチすること」（中澤・安藤，2018，p.968）の重要性を指摘しています。

　前述のようにリネハン（1993/2007）は，セラピストのありようもまた治療の重要な要素であることを指摘したわけですが，司法領域における矯正カウンセリングにおいても，「構造化」と「関係性」という 2 側面が支援の鍵となると言われています（Bonta & Andrews, 2017/2018）。「構造化」とは，どのような向社会的行動を身につけるのかという，言わば「支援の方向性（内容）」に関するものです。具体的には，効果的な強化や不承認，スキル構築といった

認知行動療法に基づく向社会的行動の習得と促進です。認知行動療法を軸としつつ，セラピストが明確に問題を指摘し改善を促す「不承認」を重視していることが特徴です。その「構造化」を支えるものが「関係性」です。「関係性」とは，文字通り「クライエントとの関係性」のことです。オープンで温かく，熱意があり，クライエントを責めないコミュニケーション，さらにはクライエントへの関心から構成される関係性によって，対人的な影響力が最大になると言われています。そして，セラピストとして，毅然としているが公正であり，監視はしながら規則遵守に向けて相手を尊重しつつ導く，「執行者の役割と援助者の役割のバランスを取ること」（Bonta & Andrews, 2017/2018, p.325）が大切になります。ボンタとアンドリュース（Bonta & Andrews, 2017/2018）の研究からもまた，支援者がいかにあるのか，そのありようの重要性が窺えます。

2. 医療観察法下での取り組み

　一方，医療観察法下においても，暴力に対する治療的介入が行われています。治療の前提について述べておくと，医療観察法対象者の主診断は，統合失調症，統合失調型障害，妄想性障害で約8割を占めており（菊池，2021），支援の目的は症状改善と再他害行為の防止，となります。それゆえ菊池（2021）は「より重要なのは，行動の変化である。被害者への共感性がいくら高まっても，対人葛藤の解決や情動調整を暴力に頼ってきた者は，再度暴力に至る可能性が高い」（菊池，2021, p.277）と注意を促しています。これは「共感性を高める」という，従来の心理療法に馴染むがゆえにセラピストが設定しやすい，しかし暴力を手放す上で効果が未知数である治療目標の設定に警鐘を鳴らす指摘と言えます。また，他害行為については，不快や苦痛に対する「向社会的な問題解決の失敗」と位置づけることが必要であり，「損にならない」よう最低限の行動変容を目標とするならば動機づけが高まりやすい，と述べています（菊池，2021）。こうした，暴力の位置づけ方と目標設定の仕方は，医療観察法下における「他害行為の防止」という，抜き差しならない現場からの貴重な示唆と言えます。

　具体的な支援としては，今村ら（2013）が内省プログラムの報告をしています。このプログラムは週1回75分（計12回），少人数グループ（3〜5名）で行われます。内容として，①他害行為に至るまでのサイクルや再他害行為防

止の対処プランを検討する，②社会的責任や他害行為に至った生活史全般を振り返ることが特徴です。特に他害行為を含む生活史を丁寧になぞり，問題行動の背後の「その人の人生そのものにアプローチしていくこと」（今村ら，2013，p.1377）の意義が指摘されています。人生そのものにアプローチするとは，人生を視野に入れて支援することであり，「人生を眼差す」支援と言えるかもしれません。いずれにせよ，他害行為と同時に人生にアプローチするという考え方は，手放す支援においても重要な示唆となります。

　さらに，平林（2013）は，医療観察法下でさえ暴力が繰り返された事例について報告しました。ソーシャルスキルトレーニングといった行動療法に基づくプログラムに加え，それらを生活場面に定着させる試み（暴力予防のための自己教示カード，視覚的なスケールを用いた振り返り）が行われています。とりわけ薬物療法に対する抵抗性があり，病的体験と自傷他害が持続する場合，生活場面を指向した心理社会的介入が有効であることを報告しています。この報告は「生活場面における展開・般化」の重要性を示唆していると言えます。

児童福祉領域

　続いて児童福祉領域です。児童福祉領域は，大きく児相と児童福祉施設の実践に分けることができます。現在の児相の実践は「保護者から児童への暴力」（児童虐待）が中心となっているため，次章の児童虐待に関する支援で触れたいと思います。ここでは，児童福祉施設の実践を見ていきます。児童福祉施設における実践は数多く報告されていますので，ここではアプローチが異なるものを選んで検討していきたいと思います。なお，児童福祉施設での取り組みについての詳細は，別にまとめていますので（佐々木，2019），興味を持たれた方はご覧いただければと思います。

1．児童個人への支援
　まず，児童個人への支援です。由井（2012）は，暴力を振るわれ，児童養護施設に入所した男児の精神分析的心理療法を報告しました。他児への暴力だけでなく，治療の進展に伴い，治療者への暴力も増えていきました。その暴力について，心的苦痛（不安等）を避けるため，自らつながりを破壊し，思考を排

除する傾向から生じている，と見立てています（人とつながることへの期待は，同時にそれが失われるかもしれないという強い苦痛を生じさせるため，その苦痛を取り除くためにつながりそのものを断ち切る，という仮説です）。そして，時に男児を身体的に制止しながら，時に職員や児相と話し合いを持ちながら，「言葉で言うことができ，考えることができる」（由井，2012, p.315）と男児に伝え続け，心理的に抱えること（contain）を試みています。暴力を現実的に止めつつも，面接内における治療展開や治療者の感じる情緒を吟味することでクライエントの心的世界を読み解き，支援する重要性を窺い知ることができます。

　増沢（2001）も児童心理治療施設に入所し，器物損壊や他児への暴力が見られた男児との7年にわたるプレイセラピーを報告しています。人生早期の虐待からの回復には，日常生活を通じた自我の成長・強化と，外傷を振り返りおさめていく二重過程が必要であることを示唆しました。ここからは，一直線には外傷の回復が訪れない，いわば回復過程の「複線性」を読み取ることができます。

　一方，狩野ら（2017）は，児童自立支援施設に入所する発達障害を有する児童に対して，認知行動療法を基盤とするアプローチ（暴力予防のためのクライシス・プランやセルフモニタリングシート）を報告しています。これらには危機対応だけでなく，児童のストレングスにも着目する内容が含まれており，障害特性に合わせた認知行動療法，とりわけ保護要因（強み・資源）に着目する重要性が学べます。

2．保護者・複数の児童への支援

　保護者も含めた支援として，岸・柳谷（2009）は，児童心理治療施設における，発達障害を有する小学5年生の男児と母への支援を報告しています。男児は母から暴力を受けて育っており，男児自身も暴力を振るっていましたが，その暴力を，これまでの人間関係の再現（被暴力体験の反復）と見立てています。その上で，指示の明確化，個室誘導による刺激の低減，対人スキルの心理教育，認知の修正を試みています。また，母との面接では，児童が帰省した際に，母が児童に暴力を振るったことが語られたため，児童の特性理解を促し，暴力を用いないかかわり方を母に伝えています。本支援からは，とりわけ支援期間中に生じた暴力への着目と対応の重要性が窺えます。

　また，複数児童を対象とした支援も行われています。山根・中植（2013）は，期間を置いて繰り返された複数児童間の性暴力への支援を報告しました。最初の性暴力以降，心理教育や振り返りを実施していましたが，背後では性暴力が潜在的に継続していたことが発覚します。そこで，死角対応や児相による措置変更を実施した上で，認知行動療法に基づく治療教育を全 37 回にわたって行っています。加えて，暴力・性暴力の「連鎖と潜在化」にも注意を促しています。この報告からもまた，認知行動療法に基づく支援の有効性と共に，支援期間中においても，生活空間内での関係に意識を向け，注意を払う必要性が窺えます。

3. 施設全体へのアプローチ

　施設は時に大きな暴力に見舞われますが，児童心理治療施設における壮絶な施設崩壊からの立て直しも報告されています（堀，2007；益田，2010）。当該施設では激しい暴力が頻発していましたが，生活の視覚化・構造化，コモンセンスペアレンティング（Common Sense Parenting：CSP）の活用を柱として，一貫性のある対応を徹底し，児童自身が自らの行動の結果を予測できる環境を構築しています。なお，小学生には感情コントロールとソーシャルスキルの向上を目的とした「セカンドステップ」も導入しています。益田（2010）は，施設における暴力について，まず安全に向けて集団に働きかけ，それでも出てくる個別課題をセラピーや生活場面面接で扱うという「段階」の重要性を指摘しています。

　さらに，田嶋（2011）は，児童間，職員から児童，児童から職員への 3 種類，そして潜在的・顕在的暴力の 2 レベルの，施設内すべての暴力を対象とした「安全委員会方式」を創案しました。最大の特徴は，すべての暴力を対象にする包括性と対応する仕組み（システム）の完成度です。暴力を複数職員の対応により非暴力で止め，暴力以外の方法を学ぶ機会を提供しています。また，潜在的暴力を月 1 回の全児童への個別面接で把握し，予防のために死角対策を行っています。そして，外部機関を含めた安全委員会の審議と対応により，風通しの良い養育を試みています。これは仕組みを作り上げていく「システム形成型アプローチ」であり，施設の安全が確立されるにつれ，児童のアタッチメントや共感性，学習への意欲まで育まれる様子が報告されています。

教育・精神保健領域

　さらに，前述の領域以外での実践も見ていきたいと思います。まず，教育領域（学校）です。竹村・杉山（2003）は，発達障害を有する小学3年生男児への支援を報告しています。男児には，他児を叩く等の暴力があり，セラピストに対しても暴力が見られました。支援は学校を訪問して行われ，セラピストへの暴力については未然に手を抑えるといった介入を最小限行いながら，行動療法（フリーオペラント）を通じて暴力減少と相互的なやりとりの増加を試みています。

　また，野口ら（2008）は，器物損壊や暴力が見られた発達障害を有する小学1年生男児に，学校を訪問して機能的アセスメントを行った上で，行動療法（代替行動分化強化，タイムアウト）を用いた介入を実施しています。なお，国外においては，教員向けの暴力防止プログラム（ポジティブな行動に着目し，評価する等）の実施を通じて，教員から児童への暴力の軽減が報告されています（Baker-Henningham et al., 2019）。いずれの支援も，行動療法を中心としたアプローチが採用されています。

　さらに，グッゲンビュール（Guggenbühl, 1993/2005）は，教室で生じた児童間暴力への危機介入について報告しました。この支援では，①養育者・教師との面接を通じてアセスメントを行う段階，②直接治療者が学校で生徒に働きかける段階，③介入後に生徒や親と話し合うフォローの段階と，段階ごとに支援が行われています。上述の教育領域での支援からは，直接学校に出向いて支援するアウトリーチの重要性も窺えます。

　一方，学校以外でも，精神保健福祉センターにおける支援として，近藤・広沢（2018）は家庭内暴力を伴うひきこもり事例について報告しています。18歳の男性クライエントには，母を殴り，動物の死骸を台所に持ち込んで放置するなど，多くの暴力が見られました。支援では，母に安全確保を提案しつつ，父母の結束を固めることで暴力が消失し，当人も相談につながった経過が報告されています。

　この報告では，暴力の背景に統合失調症や双極性障害等の症状悪化が疑われる場合には入院を検討する必要がある一方で，入院になりにくい非精神病圏の場合，①まずは警察通報等による安全確保を行いながら，②本人の心情理解と

限界設定，暴力を生じさせるようなコミュニケーション・パターンの修正を図ることを推奨しています。暴力を断ち切る社会資源として警察を位置づけ，どのように支援を得るのかなど，関係機関への現実的な役割期待と，暴力を手放すことに向けた思考プロセスが参考になります。

マルチシステミックセラピー・機能的家族療法

　なお，領域を横断する形で，幅広く提供されている支援に，マルチシステミックセラピー（Multisystemic Therapy：MST；Henggeler et al., 1998/2008）と機能的家族療法（Functional Family Therapy：FFT；Sexton, 2011/2017）があります。最後に，この両支援を見ていきたいと思います。

　MST，FFT のいずれも米国を中心として，提供資格を得たさまざまな法人（NPO，大学の研究機関等）が，司法・児童福祉・精神保健など，さまざまな領域で支援を供給しています。対象は，暴力をはじめとした反社会的行動を有する思春期・青年期の児童とその家族です。この二つはいずれも，青少年の暴力防止のプログラムの中で，モデルプログラムに認定されているものです（Mihalic et al., 2004）。以下で概要を見ていきます。

　まず，MST は九つの治療原則からなり，個人の反社会的行動を環境との関連性から捉える「生態学的モデル」を特徴としています（Henggeler et al., 1998/2008）。そのため MST では，個人のアセスメントに加えて，家族内の相互作用，養育方法，住居といった生態学的環境のアセスメントを行います。また，リスクだけではなくストレングスにも着目して支援を行います。具体的な支援として，個別介入（認知行動療法，問題解決法等）から環境への支援（ペアレント・トレーニング，学校へのアウトリーチ等）まで多層的なアプローチを実施し，支援の「般化と維持」も行っていきます。

　一方，FFT は暴力や非行といった顕在的な問題行動のある児童・青年とその家族を援助する方法です（Sexton, 2011/2017）。FFT もまた，マルチシステミック（多層システム的）な視点から，個人と環境が相互に関連しているという前提に立っています（関係モデルと呼ばれます）。そのため，問題を単独の臨床症状と捉えずに，家族間の「持続的パターン」に組み込まれた行動として捉えます。そして，家族にとって，その問題が「特定の機能」を果たしている

ものと見立て，パターンの変化を支援します。リスク要因だけでなく保護要因に着目する点も MST と共通しています。

　MST との違いは，治療を 3 段階に分けている点です。その 3 段階とは，①積極的関与／動機づけの段階，②行動変容の段階（養育技術・葛藤管理・問題解決の改善等），③一般化の段階です。特に，動機づけを支援の「前提」と考えるのではなく，第 1 段階における「目標」とすることで，継続率の高い治療法となっています。ただ，MST と FFT は，相違点よりも共通点の方が遥かに多く，領域を横断して用いられている支援方法だけに，いずれも臨床的示唆に富むものとなっています。とりわけ，個と環境という視点，アプローチの多様さと治療としてのまとまりの両立，といった点からは学ぶところが多いように思います。

　さて，ここまでは領域ごとに支援を見てきました。おぼろげながら，臨床的示唆の重なりが浮かび上がってきたのではないでしょうか（星座ほど鮮やかに見えたかどうかは別として）。ただ，文献を限定したとはいえ，その数の多さからも，今一つすっきりしないかもしれません。そこで次章では，文献の概観を続けると共に，本章で得た臨床的示唆についても，あらためてまとめる機会を持ちたいと思っています。

第5章

DV と児童虐待の支援を概観する

　本章では，ドメスティックバイオレンス（Domestic Violence：DV）と児童虐待の支援を見ていきます（支援の対象は成人です）。第4章が「領域別」の概観だとすれば，本章は暴力の「タイプ（種類）別」の概観と言えます。本章の最後で，第4章と本章で得た臨床的示唆をまとめたいと思います。

　なお，司法領域の実践とは異なり，前提として，刑事手続上，必ずしも加害者と規定されていない場合があり，研究者によってもクライエントの呼び方はさまざまです。一方で，現在の DV に関する研究においては，加害者と呼ばれる場合が多いため，ひとまず本章でも加害者と呼称した上で概観を進めたいと思います（ただし，司法領域以外で暴力を振るう人をどのように呼称・命名するかは，支援の根幹とも関わる点ですので，引き続き議論が必要かと思われます）。

DV に関する支援

　1970 年代に入り，ベトナム戦争も終わろうとしている時代です。この頃になると，戦争による外傷神経症と，DV・性暴力被害・児童虐待に起因する症状の「同一性」が指摘されるようになりました（中井，2004）。要するに，症状が似ていることに気がついたのです。この気づきはフェミニズムの運動と共に，各被害者の保護と治療を導きました（渋沢，2010）。そして，被害者支援を追いかける形で，加害者への支援が本格的に始まります。被害者のケアだけではなく，被害者を生み出す加害者への支援を行うことで，課題の根本解決に近づくという発想は自然なものでした。

　1980 年代に入って米国の各州は，DV を犯罪とみなす法整備に踏み切り，家

庭に司法が介入することを可能にしましたが、刑の一部執行猶予システムの環として、裁判所命令による更生プログラムが開始されました（信田, 2020）。更生プログラムの柱は、①被害者の安全確保、②加害者が自らの責任を負うこと、③プログラムそのものの実施です（渋沢, 2010；金, 2018）。いずれも、刑事司法機関と地域が一体となって行われます。単に更生プログラムを行うのではなく、安全確保および加害者責任の明示が特徴と言えます。

　現在、米国には1,000を超えるプログラムがあると言われていますが、代表的プログラムとして、①ドゥルースモデル、②エマージモデル、③アメンドモデルの三つがあります（金, 2018）。中でも、各国のプログラムの大半はドゥルースモデルに基づいており、プログラムの原点というべき存在となっています（信田, 2020）。

　DV加害者の臨床では、暴力を「故意（意図的）に行われる、被害者の抵抗を抑圧する支配的行為」と捉え、①暴力は加害者が選択している、②それゆえ責任がある、③同時に非暴力を選択することもできる、という考え方を基本にしています（髙野, 2020）。

　本邦でもDV加害者プログラムが開発されていますが、その要諦を表現するならば「ジェンダーの視点を重視した認知行動療法」（妹尾, 2015）であり、暴力に伴う自身の考え方や感情を振り返り、コミュニケーションスキルを学ぶ内容となっています（髙橋, 2020）。DV加害者の臨床においては、ドミナンス、パワー、コントロールとの関係から暴力を見ているため、ジェンダーの視点（暴力を促進する認知の把握と変化）が重視されています。

　以上をまとめれば、DVに関する支援では、安全保障の重視をはじめとした「現実への介入」を行うことを特徴としています。また、人は行動選択が可能であるがゆえに、暴力を選んだ明確な責任があり、暴力は単に非機能的である以上に、ドミナンス、パワー、コントロールを本質としている、という確固たる見方（価値観）が感じられます。そして、支援方法の中心は認知行動療法となっています。

　また、加害者責任の過小評価や矮小化を防ぐため、いずれのプログラムも心理・精神病理的な要因を認めつつ、病理モデルに基づいた治療を「用いていない」ことも特徴です（渋沢, 2010）。同様の理由で、加害者の被害体験についても慎重に取り扱われます（妹尾, 2015）。それは「トラウマが暴力・虐待の

原因とされ，暴力・虐待は本人の選択と意思によるものではなく，むしろトラウマ反応によるものと矮小化されてしまう」（髙野，2020，p.16）ことがあるためです。

　実際，「家族療法の基本にある円環的認識論は DV の葛藤のエスカレーションの過程を理解する上で役立つ可能性があるが，加害者の責任逃れに加担し，被害者の安全性を確保できない危険性もある」（渋沢，2010, p.263）との指摘があります。場合によっては，円環的認識論に立つこと自体が暴力の影響を不問に付す，外傷的で非論理的な態度になりえるため，直線的因果律で理解することも必要である，という指摘すらあります（野末，2019）。

　これらは，心理・精神病理的な要因や学問的知見について，支援の参考にしつつも，責任の過小評価（矮小化）に陥らないために「警戒」（配慮）が必要であることを示唆しています（多くの研究者が加害者と呼称する理由もこのあたりにあるのでしょう）。ここに，半世紀近くにわたる DV に関する支援において蓄積されてきた英知が感じられます。

児童虐待に関する支援

　続いて，児童虐待に関する支援です。1970 年代に本格化した米国における被虐待児の発見と保護に引き続き，1980 年代には，それまで児童の行動変容のために用いられてきたペアレントトレーニングが，暴力を振るう保護者に活用され始めます（Schafer & Briesmeister, 1989/1996）。児童虐待に関する支援では，DV に関する支援ほど，暴力に対する刑事責任（加害者責任）は追及されません。重篤度や再発可能性が高い場合には逮捕・起訴されますが，原則的には暴力を「児童の人権を侵害し，発達を阻害する不適切な養育行為」とみなします。あくまでも養育者役割が先にあり，その養育が不適切な形をとっている，という認識に基づいています。

　ただし，養育が不適切になっている形の暴力だけでなく，残念ながらドミナンスを本質とするような，サディスティックな暴力も存在しています。これは，不適切な養育としての暴力と，本来的には刑事責任を問うべき暴力が混在していることを意味します。言いかえれば，子育て支援の延長で対応可能な暴力，子育て支援では対応できず手放す支援を必要とする暴力，さらには手放す

支援でも対応が難しい（刑事責任を問うべき）暴力が混ざっている，ということです。ここに児童虐待の支援の難しさがありますし，今後は刑事責任に関する議論も行われる必要があるでしょう。ただし，いずれの暴力であっても，保護者は暴力を用いない養育を習得する必要（再発防止の責任）があります。

1．欧米での取り組み

　はじめに，欧米での取り組みを概観します。米国の「Blueprints for Violence Prevention」では，600 以上の暴力防止プログラムが検討されており，このうち効果や再現性の高い，11 のモデルプログラムが選定されています（Mihalic et al., 2004）（すでに触れましたが，前章で紹介した MST と FFT も 11 あるモデルプログラムのうちの二つです）。ここでは，児童虐待と関連の深い，家庭訪問型とペアレントトレーニング型のモデルプログラムを中心に取り上げます。

（1）家庭訪問型

　まず，家庭訪問型のモデルプログラムは NFP（Nurse-Family Partnership）です。NFP は，生態学的モデルおよびアタッチメント理論に基づくプログラムで，妊娠中から 2 歳まで看護師が家庭訪問し，養育に関する助言や母親自身の自己啓発といった，幅広い心理教育を行うものです。15 年間のフォローアップ研究により，児童虐待の減少のみならず，児童の反社会的行動や犯罪の割合も減少することが報告されています（Olds et al., 1998）。

　また，モデルプログラムではありませんが，家庭訪問型の有効なプログラムの一つに ABC（Attachment Biobehavioral Catch-up）があります。ABC は生後 6 カ月から 2 歳までの児童の保護者を対象とする 10 週間のプログラムです。支援者による即時的なフィードバックにより，親の感受性を高め，児童と細やかに接するためのトレーニングを提供します。ABC はランダム化比較試験において，養育行動の変化，児童の情動調節や外在化・内在化行動の改善，アタッチメントの質の向上等に有効であることがわかっています（Grube & Liming, 2018）。

（2）ペアレントトレーニング型

　一方，ペアレントトレーニング型のモデルプログラムは，IY（The

Incredible Years）です。IY は社会的学習理論に基づくプログラムです。IY にはさまざまなバリエーションがありますが，例えば保護者向けのものであれば，グループで，ロールプレイ，コーチング，ディスカッション，フィードバックを行うことで，養育技術および親子間相互作用の改善，児童の素行障害に対する予防効果が報告されています（McGilloway et al., 2012）。

　バーロウ（Barlow, 2015）は，IY と共にトリプル P（Triple P-Positive Parenting Program）についても，十分なエビデンスを持ったプログラムとして紹介しています。このトリプル P もまた学習理論に基づいたペアレントトレーニング型のプログラムです（Sanders, 2012）。「暴力を用いずに規範を示す」といった核となる五つの原則を土台に，保護者は養育技術を学習し，建設的なペアレンティングを習得していきます。

　上記に加え，米国の疾病予防管理センターは親子相互交流療法（Parent-Child Interaction Therapy : PCIT）を有効な介入方法として挙げています（Fortson et al., 2016）。PCIT は，養育技術および親子間相互交流のあり方の改善を試みるプログラムです（Thomas et al., 2017）。PCIT は 7 歳までの児童とその保護者を対象としています。二種の親子交流場面を設定した上で，直接コーチングをすることを特徴としています。養育技術の向上や児童の外在化行動の減少が実証されています。

　さらに，ポジティブ・ディシプリン（Positive Discipline in Everyday Parenting : PDEP）もまた，親子間の葛藤・対立を非暴力で解決することを学ぶプログラムであり，各国で広く用いられています（Durrant, 2019）。目的は，体罰の肯定を減らす，親子間葛藤・対立を暴力以外の方法で解決し，養育に関する自己効力感を強化することです。

　それぞれ特徴はあるものの，要するに，いずれも行動療法をベースに養育（かかわり方）を“学ぶこと”にフォーカスした内容であり，支援の結果，「養育技術が改善⇒暴力が低減⇒関係性が変化⇒副次的に保護者の自己効力感が高まり，児童の問題行動も減少する」という基本的な枠組みをおさえておけばよいと思います。

2.　本邦での取り組み

　一方，本邦の支援はどうでしょうか。現在，保護者支援（固有名詞的に“保

護者支援"と呼ばれます）を中心的に担っているのは児相ですが，保護者支援は，2005年から本格化しています（佐々木，2018a）。

才村ら（2005）の報告を皮切りに，2005年から2013年まで，日本子ども家庭総合研究所による調査研究が多数発表されました。いずれも虐待相談における保護者支援の全国的な調査と検討です。その後，厚生労働省の先導により，2014年に保護者支援のハンドブック（加藤，2014a），2018年には保護者支援プログラムに関する報告書（政策基礎研究所，2018）が発刊されています。

ハンドブック，報告書の中身は，大きくプログラムを可能にする支援の土台（関係性・前提条件）に関するものと，支援の内容（虐待再発防止のプログラム自体）に関するものに分けることができます。そこで以下では，支援の土台と支援の内容に分けて概観したいと思います。

（1）支援の土台に関するもの

ところで，なぜ支援の土台について考える必要があるのでしょうか。まず，その前提からお話したいと思います。そもそも児童虐待（とりわけ児相が介入する重篤な事例）の文脈においては，保護者支援は，言葉こそ「支援」となっていますが，希望に基づく支援ではなく，あくまで児童福祉法等に基づく「介入」です（もちろん，結果として支援になることは少なくありませんが）。また，かかわる上で，支援（治療）に対する裁判所命令といった司法的強制力は原則的には存在しません。それゆえクライエントの反発や抵抗が一層強くなるわけですが，その状況下で支援を届けることが求められるため，支援の土台を構築する方法論が必要となるのです。ここでは，一般的な（ニーズに基づく主体的な）子育て相談における保護者支援とは異なる意味で「保護者支援」という言葉が用いられていることに注意が必要です。

また，第1章で見たように，児相には介入役割だけでなく，従来から担ってきた支援役割もあるため，クライエントからすると，どのような役割や法的根拠によって「セラピストがかかわってきているのか」が見えにくくなります。例えば，支援役割として（つまり，任意相談として）養育上の相談を行っている中で，保護者が児童に暴力を振るい，児童に怪我を負わせたことが判明したとします。そうすると，児相は支援役割から介入役割へと役割を変化させるわけですが，その際，明確な支援文脈の明示（土台の構築）があって，はじめて

クライエントはかかわりの意味（文脈）を理解することができます。こうした見えにくさ（わかりにくさ）をそのままにすることは，介入によって引き起こされる，ただでさえ大きいクライエントの感情的なわだかまりに拍車をかけます。このような中で支援を届ける鍵となるのが支援の土台を構築する方法論です。

　この土台の構築について，具体的に言及しているものが田中（2018）の論文です。田中（2018）は，一時保護中の保護者支援として，短期間の虐待再発防止プログラムを実施していますが，その前提として，職権による一時保護であれば，①法律に基づき，安全確保のために一時保護したこと，②一時保護は行政処分にあたり，その判断は児相の権限と責任で行うものであること，という介入の文脈，セラピストの役割を明示した上で，プログラムを実施する必要性を述べています。同様に宮井（2013）は，児童の家庭復帰にあたり，支援者側が最低限求めるボトムラインとして「児童の安全」を明確に示しながら，家庭復帰に向けた条件を話し合う実践を行っています（宮井，2013）。これもまた，支援文脈（児童の改善や保護者の負担軽減のためではなく，児童の安全を確保するための支援である）の提示となっています。

　ただし，これらは単に法的な枠組みやボトムラインを一方的に示すわけではありません。髙岡（2010）は，セラピストが対峙的な関係の中で，譲れない法的対応，児童の安全保障をボトムラインとして示しつつも（介入役割を示しつつも），受容・共感的な態度をバランスよく体現する必要性を報告しています。このセラピストのありようについては，弁証法的行動療法，矯正カウンセリングにおいて指摘されていた内容と重なるものです。

　なお，DV における責任は，一方的に取らせるものではなく，協働構築的責任（髙野，2020）であることが指摘されていますが，児童虐待における責任，すなわち保護者が暴力を手放し，児童を育んでいく責任についても，協働的に構築することが必要と言えるでしょう。協働的に構築するとは，法的な枠組みを提示しないまま話し合うことでも，法的な枠組みを一方的に通達して責任を担わせることでもありません。その両要素を「同時的に（あるいは交互に）供給すること」から始まります。

　ここでは児童虐待（保護者による暴力）を例に考えていますが，支援の土台を構築することは，児童による暴力を手放す上でも不可欠なものです。

（2）支援の内容に関するもの

　続いて，支援の内容についてです。概ね欧米の内容を踏襲しており，養育技術および関係性の改善を目指すものが中心です。報告書によれば，欧米で実践されている PCIT やトリプル P 以外にも，代表的なものとして CSP，精研式ペアレントトレーニング，AF-CBT（家族のための代替案：認知行動療法 Alternatives for Families: A Cognitive-Behavioral Therapy）が行われています（加藤，2014a；政策基礎研究所，2018）。以下で簡単に紹介します。

　まず，CSP は養育技術を学ぶペアレンティングプログラムであり，児童の情動制御スキルの向上，問題行動のリスク低減が報告されています（Mason et al., 2015）。精研式ペアレントトレーニングも CSP 同様，養育技術の向上を通じて，親子関係の悪循環を緩和し，児童の適応行動の増加を試みるものです（加藤，2014b）。一方，AF-CBT は，保護者の養育技術だけでなく，認知行動療法に基づいて親子双方（の認知・感情・行動）にアプローチすることを特徴としており，保護者の暴力低減に有効であることが報告されています（Kolko et al., 2011）。

　報告書の中には，サークル・オブ・セキュリティ・プログラム（北川，2013）など一部アタッチメント理論に基づく支援にも触れられていますが，その中心は，欧米のアプローチと同様，学習理論，認知行動療法に基づくものとなっています。加えて，報告書に記載されているもの以外でも，短期間の虐待再発防止プログラム（佐々木・田中，2016），カナダの虐待再発防止支援を参考に開発された心理教育プログラム（CRC 親子プログラムふぁり）も行われています（宮口ら，2018）。なお，虐待相談を含む児相での心理支援全体に関するまとめは別で行っていますので（佐々木，2018b），関心をお持ちになった方はご覧いただければと思います。

（3）保護者支援における工夫

　最後に，保護者支援において，司法的強制力を持たない児相の苦労（工夫）が垣間見える実践についても少しだけ触れておきたいと思います。

　例えば，暴力の効果を主張し，支援者の前ですら暴力を振るう保護者と暴力以外の方法を見つけ出していく実践（衣斐，1997），児童への否定的な認知を児童の障害特性の理解を通じて改善を試みる実践（渡辺，2004）が報告されて

います。これらはいずれも暴力を振るった責任ではなく，養育の改善に焦点を
当てた介入になっています。加えて，前田（1993）は，施設入所中の9歳男児
と母双方への3年間の心理療法過程を報告しました。虐待により入所を余儀な
くされた児童の心情だけでなく，繰り返し暴力を振るうに至った母の「生きて
きた道のり」を想像しつつ支援を進めています。

　いずれも，支援と介入の二重役割を担う児相特有の苦労であり，それゆえに
生まれた支援のあり方と言えます。ただし，こうした工夫が，暴力の過小評価
につながっていないか（反対に正義感に絡めとられた介入となっていないか），
を吟味しながら支援を進めることもまた大切になります。

文献から得られた臨床的示唆

　さてここまで，前章，本章にわたって，暴力を巡るさまざまな実践を見てき
ました。本書で取り上げた文献は一部ですが，それでも紹介した文献を比較検
討し，全てに共通する「絶対的基盤」のようなものを抜き出すことは実質的に
困難なほど広がりを見せていました。ただし，ある程度の，そしていくつかの
臨床的示唆という形であれば整理することはできそうです。得られた臨床的示
唆を，文献例と共にまとめたものが表1（第4章），表2（第5章）です。

　臨床的示唆は，①方法論に関するものと②セラピストのありよう（姿勢）に
関するものに分かれます。まず，方法論に関する臨床的示唆を見ていきます。

1. 方法論

　まず表1からは，支援の枠組みとして，段階に分けた支援の重要性が窺えま
した。その段階の中でも，支援初期の動機づけと，支援終盤の般化・維持を意
識することで，動機づけが薄い状況であっても支援を継続しやすく，かつ再暴
力に至る割合を低めることができていました。

　また，具体的な支援に関する示唆も豊富でした。中でも，個人（認知・行
動・感情等）と環境との悪循環をアセスメントした上で，個人（非機能的な
認知と行動）と環境（対人・生活）の双方にアプローチすることが支援の柱と
なっていました。

　これらの支援を進める上で，面接内関係だけでなく，支援期間中に（生活空間

表1 各領域（第4章）の文献に基づく臨床的示唆

文献例	内容	臨床的示唆
原田（2008）	認知・行動・感情の個人内要因と，対人環境の悪循環（相互作用）を見立てる。悪循環をゆるやかにしつつ，暴力に関する認知と行動の変化を促す。	認知行動療法によるアセスメントと支援。個人と環境の**相互作用を円環的にアセスメント**。悪循環で生じる暴力に**認知・行動の両面から介入**する有効性。また，面接への**来所を維持する重要性**。
Beck et al.（2004/2011）	反社会性パーソナリティ障害の認知行動療法を行う上で，面接への来所と治療構造を維持しつつ，問題に焦点を当てる，といった複数の留意点。	
Linehan（1993/2007）	「治療前段階」として，治療を阻害する行動を取り扱う。その後，第1段階から第3段階まで段階毎に治療を進める。また，治療者には「受容」と「変化」の両立が求められる。	**段階によって，支援内容を変化（段階的アプローチ）。対極的な要素を両立するセラピストのありよう**が支援の鍵。ボンタとアンドリュース（2017/2018）も類似の指摘。
今村ら（2013）	医療観察法下で開発した内省プログラム。①他害行為に至るサイクルや再他害行為防止の対処プランの検討，②社会的責任や他害行為に至った生活史全般を振り返る。	他害行為を含む生活史を丁寧になぞり，行動の背後の「その人の人生にアプローチ」。**問題行動と同時にクライエントの人生を視野に入れる重要性**。
由井（2012）	暴力が主訴の施設入所児童への精神分析的心理療法。面接における暴力を制止しつつ，不安を言葉にして，心理的に抱えることを試みる。	面接内における治療展開や治療者の感じる情緒から**心的世界を読み解き，支援する重要性（面接内関係への着目）**。
田嶌（2011）	施設内の2レベル3種の暴力全てを対象に支援。モニターしつつ風通しのよい養育を実現。顕在的暴力だけでなく，生活に潜在する暴力を把握するためのアプローチが特徴的。	見えていない暴力（潜在的暴力），支援期間中の**面接外（生活場面）での関係にも着目**。山根・中植（2013）も同様の指摘。
Sexton（2011/2017）	FFTでは，①積極的関与／動機づけ，②行動変容，③一般化の3段階で治療を進める。個人と「個人を取り巻く環境」，家族間の関係性に焦点を当てた支援・介入を行う。	個と環境のアセスメントと，関係性への支援。**児童の対人・生活環境へのアプローチが有効。支援初期の動機づけ，支援終盤における般化・維持も重要**。FFTでは**段階的アプローチの有効性**が示唆。
Henggeler et al.（1998/2008）	MSTでは，生態学的視点からアプローチ。個別介入として認知行動療法，学校等へのアウトリーチによる多層的なアプローチを実施。般化と維持の介入も行う。	

表 2　DV・児童虐待（第 5 章）の文献に基づく臨床的示唆

文献例	内容	臨床的示唆
髙野（2020）	DV について，①暴力は加害者が意図して選択した支配的行為であり，②それゆえ加害者に責任があり，③同時に非暴力を選択することもできる，と捉える。	DV 加害者臨床では，現実への介入を重視。被害者の安全保障，逮捕等による**暴力停止と加害者責任の明確化**。病理モデルや加害者の被害体験の取り扱いには慎重な立場をとる。
渋沢（2010）	被害者の安全確保と加害者責任の明確化。心理・精神病理的な要因を認めつつ，病理モデルを用いない。	
McGilloway et al.（2012）	IY では，保護者は養育技術を学習，建設的なペアレンティングを習得し，親子間の相互作用を改善。	児童虐待における支援内容は，学習理論に基づく**養育方法の習得**が柱。保護者への認知行動療法も実施。
Kolko et al.（2011）	AF-CBT では，認知行動療法をベースとして，親子双方にアプローチを行う。保護者の暴力低減に有効。	
田中（2018）	保護者に一時保護という法律に基づいた行政処分であることを明示した上で，再暴力防止のためのプログラムを実施。	支援の土台を構築する方法論の重要性。どのような法的根拠や立場に基づいて介入・支援を行うのか，**支援の文脈を初期段階で提示**。安全をボトムラインとしつつ，**支持的・共感的態度との両立が必要**。
髙岡（2010）	援助を求めない虐待した保護者との対峙的関係に関する質的研究。譲れない法的対応，安全保障というボトムラインの下，介入・支援を行うという文脈を明示。	
前田（1993）	入所中の児童と母双方への 3 年間の心理療法。入所を余儀なくされた児童の心情だけでなく，繰り返し暴力を振るうに至った母の生を想像しつつ，心理療法を進める。	**暴力を振るうクライエントの生きる世界を想像する重要性**。人生への着目という点で，表 1 の今村ら（2013）の研究とも共通。

内で）暴力の加害・被害が起こっていないか意識しておく必要性が窺えました。これは，面接内外の関係を意識し，注意を向ける重要性への示唆と言えます。

一方，表2からは，支援開始の前提として，暴力を（外的に）止めること，責任を明らかにする重要性が窺えました。クライエントは言わば"主体"として暴力を振るっており，すぐに「自ら」暴力を手放すことには困難が伴います。そのため，セラピストがひとまず暴力を止めること，厳密には「暴力を止めるという同意をクライエントから得ること」が必要となっていました。クライエントにとって，同意をする，ということが自らの責任を引き受ける契機にもなっています。

また，二重の役割がある児相から生まれた工夫もありました。具体的には，クライエントから支援の文脈が見えにくくなるため，「支援の文脈を示す」という工夫です。これは，児相に限らず，どの支援機関のセラピストであっても，法的要請に基づいた介入役割（例えば，通告の義務を果たす場面等）を取る場合には，同様の工夫が有効になります。

加えて，児童虐待に関する支援からは，暴力を用いない養育方法を学習すること，認知行動療法の有効性が窺えました。このあたりは，表1の知見とも共通しています。

2．セラピストのありよう

ここまででは，支援の「方法論」を見てきましたが，文献の中にはセラピストのありように関する臨床的示唆もありました。

具体的には，変化と受容，執行者と援助者，介入と支援というありようを両立することが求められていました。これらの指摘は，対極的な要素を揺れながらも両立するありようの重要性を示しています。

加えて，暴力を手放すことを正面に据えながらも，暴力だけに注目するのではなく，クライエントの人生を眼差すこと，暴力を振るうクライエントの生きる世界を想像することが求められていました。このクライエントの「生」には，クライエントの成育史，現在の生活，クライエントから見えている世界等，多義的な意味合いがあります。

こうしたセラピストのありようの検討が求められる背景には，次のような事情があるためです。暴力とかかわることでセラピストは「義憤」にかられるだ

けでなく，支援することがセラピスト自身の加害者性を忘れさせてくれます（中井，2004）。つまり，「正義感」に絡めとられやすい状況になる，ということです。また反対に，第1章で述べたように，暴力とかかわることはセラピストの不安を喚起するため，必要以上に暴力を振るった理由や背景を正当化し，暴力を過小評価してしまうこともあります。これは，暴力に迎合しやすい状況になる，と言えるかもしれません。こうした背景があるために，セラピストのありようの検討が求められるのです。

　もちろん，暴力を振るうクライエントの過去に暴力被害があり，被害者でありながら加害者でもあるといった，加害と被害が入り組んだ事態は珍しくありません。ただし，加害者は悪であるという考えがパターン的思考である一方で，加害者は被害者であるという考えもまたパターン的思考の一つです。パターン的思考自体を回避することは困難ですが（パターン的思考とは直観的理解という，人の持つ能力の別名だからです），そうしたパターン的思考に「固定的」に陥っていることには気がつく必要があります。その鍵となるのが，セラピストのありようを意識し，検討することなのです。正義感でも迎合でもないありようを維持するとは，手放す支援という「下山的営み」の中で，細い尾根から滑落しないよう，慎重に歩を進めるようなものかもしれません。

おわりに

　さて，ここまで文献を中心として，手放す支援を概観・整理してきました（第4章と第5章が，星座盤のようになっているとよいのですが）。次章では，これらの臨床的示唆から導かれる支援のステップについて述べていきます。

　もしかしたら「なんだか疲れてしまった」という方もおられると思います。厳選したとはいえ，概観した文献の数も多いですし，なにより「認知」「行動」「責任」「技術」「学習」といった硬い言葉が多用されているため，硬水が飲みにくいように，全体としては読みにくい内容になってしまいました。加えて，手放す支援は，触れるだけ，考えるだけでも疲弊するものです（書いている私自身も疲弊します）。もちろん，私の文章力の課題が大きいのですが，これは「暴力」というものが持つ性質でもあると考えています。

　そのため，できればこのあたりで先に進むことをいったん止めて，お気に入

りのコーヒーや紅茶を飲みながら，すでに読んでこられた部分を，パラパラと
めくりつつ，戻っていただければと思います。ああ，こんな流れだったな，と
振り返り，自分自身に馴染ませ，少しずつ定着させるイメージです（あるい
は，ミネラルが豊富な硬水をゆっくりと味わうように）。このように少しずつ
進めていく「ゆとり」のような感覚が，暴力とかかわる際にも，暴力にまつわ
る本を読む際にも，大切なことのように思います。

第6章
手放す支援のモデル

　ここまで暴力に関する先行研究を見てきました。本章では先行研究を踏まえた支援の手順，次章ではセラピストのありようについて示していきます。これは支援の「モデル」を示すことを意味しています。そこでまず，こうした学問上のモデルについて触れた上で，支援手順について述べたいと思います。

学問上の「モデル」の多元性

　今から示すモデルは，実際の支援で行うことと比べると，いかにも大まかで抽象的なものです。それにもかかわらず，こうしたモデルを提示するのは，支援の手順や，支援を生み出した「思考の枠組み」がないことで，暴力を手放すための支援ができない場合が確実に存在するためです。とりわけ，経験が少ないセラピストが暴力を手放すことに向き合う時，一つのモデルが存在することが助けになります。照らす範囲は狭くても，夜道にランタンが役に立つことと似ています。

　ただし，地図は現地ではありません（Korzybski, 1958）。しかも本書で示すモデルは，あくまでも「仮固定された手書きの臨床地図」であり，検討を通じた解体と再構築を前提としたモデルです。またそうであることが望ましいと考えています。なぜなら，実践におけるモデルとは，あくまでも理論と現場との往還から弁証法的（脱構築的）に紡がれ続けるものだからです。それは，暴力を手放すという目的に向かい，仮固定・解体・再構築を是認するモデルであり，不動の論拠を積み重ねて構築されるモデルとは異なるためです。つまり，静的なものというより動的なもので，「運動過程」とさえ言いうる常に未完成なものです。

　田中（2008）は，学問上の「モデル」とは，特定の目的下に構築されること，そして個々のモデルはある現象のあらゆる側面を表現するために用いられるのではなく，現象の「特定の側面を表現するため」に用いられること，それゆえに同一の対象であっても，目的に応じた複数のモデルが存在することを指摘しています。この指摘は，モデルというものの多元性（複数の真理・原理が存在する性質）を示唆するものであり，手放す支援のモデルにもあてはまります。

　加えて，本書では，暴力の種類を限定することなく，多くの支援を概観した上で臨床的示唆を抜き出し，それらの示唆からモデルを仮組みしています。それは一定の抽象性を保つ形（特定の暴力に特化されたものではない形）でのモデル提示となることも意味しています。

　一見抽象的なものほど，支援の場で使いにくいように思えますが，実際は抽象性によってこそ，個別的な事例の現場に届きうる事態が存在します（國分・千葉，2021）。もちろん抽象的すぎれば，支援の場との関連は見出しにくくなります。しかし，具体的すぎれば，機能が限定された電化製品のように，適用範囲が狭くなってしまいます。そのため，「ある程度」の水準に具体性を留めることにより，つまり，一定の抽象性を備えた仮設的プラットフォームとして提示することで，活用可能性を引き出したい。そのように考えています。以下の支援手順とセラピストのありようが抽象的に感じられたら，そのような意図も背景にあるのだ，と理解していただければと思います。その上で，本書で示す支援を一つのモデルとして参照しつつ，各セラピストがそれぞれの支援の現場に即した，具体的なモデルへと変化させてほしいと考えています。

手放す支援で対象となる暴力

　以下で，手放す支援のモデルについて見ていくわけですが，その前に手放す支援で対象にする暴力についてもあらためて振り返っておきます。まず，本書では主に思春期以降の児童の暴力を中心に，保護者による暴力を踏まえて論を進めていきます。ただし，手放す支援自体は，児童間暴力・児童虐待だけでなく，児童から保護者への暴力，パートナー間の暴力も視野に入れたものとなっています。

　また，暴力の性質としては，犯罪として逮捕されない，あるいは入院加療の

フェーズ0	フェーズ1	フェーズ2	フェーズ3
暴力を止める	足場を作る	支援する	定着を助ける
・止める同意を得る ・支援の文脈を示す	・暴力のアセスメント ・来所の維持	・個／環境への支援 ・面接内外の関係を意識	・支援の定着・維持

図1　手放す支援の4段階

対象とはならないものであり，かつセラピスト自身が対応を求められるものを対象としています。言いかえれば，逮捕・起訴されるほどの暴力や，入院加療が必要となる暴力は対象とはなっていません。それは，児相や施設であれば，医療機関を受診しても入院にはならない児童の暴力，医療機関や学校であれば，児相に通告しても一時保護にならず，警察に通報しても逮捕に至らない保護者の暴力，そのような他機関で対応して「もらえない」暴力であることを意味しています。他機関では対応してもらえない中で，セラピスト自身がクライエントの家族，他職種，関係機関等から，暴力を手放すことを要求され，もし深刻な事態になれば「相談していたのに」と責任を問いただされるような状況を想像しつつ，お読みいただけるとよいと思います。

　なお，モデルの「主語」はセラピストですが，本質的に支援はクライエント自身が進めるものであり，そのサポートとして（つまり，クライエント自身がセラピストを通じて間接的に用いるツールとして）モデルが存在することを時折思い返していただければと思います。

支援手順

　前章で見た臨床的示唆には，方法論とセラピストのありように関するものがありました。まず本章では，方法論である「支援手順」から述べていきます。支援手順は，大きく四つの段階（フェーズと呼称します）に分けることができます（図1）。

　具体的には，暴力を止める（フェーズ0），支援の足場を作る（フェーズ1），

支援する（ノェーズ2），定着を助ける（フェーズ3）の四つです。

暴力を止める（フェーズ0）

　このフェーズは，文字通り「暴力を止めること」を目的としています。実際に暴力を振るっている最中に止めることもありますが，多くの場合，この「暴力を止める」とは，今後は暴力を振るわないという「同意」を得ること，を意味します。双方が協議して到達する「合意」とは異なり，暴力を振るわないという条件をセラピスト側が提示し，同意するというプロセスです（この点については後述します）。また，支援の前提（土台）を整えるという意味で，フェーズ1ではなく「フェーズ0」としました。傾いた土台の上には住みやすい家ができないのと同じく，まずは土台を整え，均<ruby>なら</ruby>していきます。

　「暴力を止める」は，1.「暴力を止める」という同意を得る，2. 支援の文脈を示す，の二つの要素から成り立っています。これらは別々に行うこともありますが，実際にはまとめて，あるいは相前後して行うことが多いかもしれません。

1.「暴力を止める」という同意を得る

考え方

　「暴力を手放す」が，クライエントのより主体的・内発的な選択に基づく行為だとすると，この「暴力を止める」は，外発的な「制限（禁止）」を意味しています。第三者による半ば強制的な「停止」（暴力を振るわないことへの同意）と言えます。

　かつて土居（2000）は，究極の暴力である殺人について，「命の大切さ」を訴えるのは空念仏であり，良心に照らして悪いと思うことは，決してしてはならないと直接「禁止」を訴える重要性を指摘しました。同様に，手放す支援においても，安心や安全を訴える前段階として，まず暴力の停止を伝え，「同意」を得ます。

　暴力を止めることは，クライエントの営為（考えや行動）を有限化（千葉，2020）する営みです。見方を変えれば，そうした有限化が課されるまでは，暴力を含む悪循環が維持されていると言えます。その循環を切断する鍵になるの

は，「暴力を止める」という有限化です。

　この有限化は，最終的にはクライエントが自ら暴力を手放すことができる人であるという「信」を置くことから始まります。反対に，暴力の停止が「制圧」「脅迫」の味わいが濃くなるほど，支援自体が暴力的になります。当然ながら，それは法律や暴力の影響を伝えてはならない，ということではありません。ただ，法律や暴力の影響を伝える際に，クライエントが大切な事実を最後には理解することができるという「信」に基づいて，伝える必要があるということです。

　仮に，そうした説明では暴力を止めることができない（一切の支援を拒む，暴力を止めないと公言する）とすれば，法制度に基づき，より実効性の高い対応に移行すればよいのです。こうした「力みのなさ」をいかにセラピストの中に生み出すかが鍵になります。「主導権」「駆け引き」「パワーゲーム」といった，Win-Lose の関係，「闘争」を連想させる言葉がセラピストの頭に浮かび，周囲と語り合われるほど，手放す支援からは遠ざかります。支援が無条件で「善行」であることはありません。先ほどの例に即して言うならば，支援はWin-Win（あるいは Lose-Lose）になるように，着地点を探し出していくものです。

方法

　具体的な方法としては，①現行法上（刑法，児童福祉法等），暴力を振るうことは禁止されている旨の説明が基本となります。細かいのですが，違法であると断言しているわけではなく，法命題（要件と効果からなる一般的な法規範）（木村，2012）を示しているわけです。また，法律の説明とも関連しますが，暴力による社会的な不利益（児童自立支援施設への措置，少年鑑別所・少年院への収容，民事訴訟等）の可能性を伝えることも方法の一つです。加えて，児童虐待であれば，発達的な観点から暴力被害の影響を伝える，という方法もあります。

　伝え方としては，口頭で伝える，資料を作成する，法律の条文を見せる，誓約書を用意する等，さまざまな形が考えられます。止血が，血を止めるというシンプルな目的である一方，出血や傷口の状態によって，止血方法が圧迫・縫合・輸血まで幅広いことと似ています。

　言い回しとしても，「暴力を止めてもらいたい」という個人の依頼にも聞こ

える言い方よりも、「現行法上、暴力は禁止されています」と伝えることがより正確です。もちろん、止めてもらいたい、と言ってはいけない、というわけではありません。伝わり方が正確であればよいのです。いずれにせよ、あくまで、依頼でも説得でもなく、法命題の客観的な提示（心理教育）という姿勢です。事故が起こりやすい交差点に注意喚起を訴える交通標識を設置するような感覚に似ています。

　ただし、それは必ずしも初回面接の冒頭において、一方的に提示するべき、ということを意味していません。もちろん、初回面接の早いタイミングで明示することが多いのですが、あくまで「やりとり」を通じて示され、同意に至ることが望ましいものです。

　典型的なやり方としては、セラピストがその暴力について知ることになった経過を伝え、その上で**クライエントなりの事情・理由を確認する**ことから始めます。すでに、この段階でセラピスト自身がどういう役割であるのか、簡単には説明していると思いますが、暴力について話すこと自体にも疑問を呈する（抵抗を示す）場合は、併せて支援の文脈を示すことも必要になります。

　なお、やりとりの中で示すとは、曖昧な説明でよいということでも、回りくどく説明するということでもありません。「必要な説明と応答をしながら、わかりやすく伝える」ということです。仮に息せき切って暴力の停止をクライエントに伝えているとすれば、セラピストは目の前のクライエントではなく、セラピスト自身が法律通りにできているか、あるいは所属機関や関係機関からどのように思われるか、といったことに注意が向いている可能性があります。あくまで大切になるのは、方法そのものより、後のフェーズに進む前に、暴力を止めることに同意が得られるという結果の方です。

留意点

　このように細かく説明するのは、臨床心理学では「暴力を止める」ことに関して、とりわけ理解がずれやすいためです。暴力を止めることが、強引で主体を侵襲する行為と感じる方もおられるかもしれません。変わること、気づくことを待つというスタンスでも、被害者側面をケアするスタンスでもないためです。成人ならまだしも児童の場合、特にそう感じても不思議ではありません。この感覚は、特に臨床心理学を中心に学んできたセラピストにとっては自然な

ものです。ただし，「暴力を止める」根底にあるのはクライエントへの「信」であり，児童で言えば，児童の中の「成熟した部分」を信用し，語りかける営みです。言い方を変えると，暴力を止めるという同意を得た程度で損なわれる"やわな"主体性ではないと考えている，ということです。クライエントが持つ，状況を理解する力，自ら変化する力に信を置く立場と言えます。

　さらに言えば，被害を受けている人の視点から見た場合，もしセラピストが暴力を止めないとすれば，暴力を振るっていることをセラピストは知っていながら，止めることもなく，その意味や被害の体験を探求している，と感じるかもしれません。仮にセラピストに「暴力を止めることは他の専門職の役割であって，自分の責任ではない」といった考えがどこかにあるとすれば，「暴力を止めるかどうかは相手（被害者）次第であって，自分の責任ではない」といったクライエントの考えと共謀する危険すら生じることになります。

　加えて，すでに把握している暴力（顕在的暴力）だけでなく，支援開始直後から「暴力を振るっていないか」，「暴力を受けていないか」想像し，潜在的な暴力に注意を払うこともまた必要となります。これは，見えていない暴力を想像し，把握と対応を行うという臨床的示唆に基づいています。潜在的暴力には，終始注意を払う必要はありますが，とりわけ支援の最初期の段階で把握できると，その後の支援内容に反映することが可能となります。この潜在的暴力は，自然と浮かび上がるというよりも，セラピストが潜在的な暴力（の可能性）に意識的に注意を向けて，事実確認を行う中で把握できるものです。

　なお，先ほど合意ではなく「同意」である，と述べました。それは合意のように双方が対等な関係であるとは言いがたいためです。あくまで暴力が法的に禁止される旨をセラピストが伝え，それに不承不承であってもクライエントが同意する，という形が支援における「現実的到達点」だと考えられます。この「同意」という言葉は「**最低限度の達成（minimum requirement）**」という考え方を含んでいます。

　この考え方は手放す支援を有効に機能させる上で極めて重要になります。それは，クライエントが暴力を手放したとしても，セラピストは，支援を行う中で，暴力以外の気になる部分（クライエントのセラピストに対する物言いや生活態度等）を改善し始めようとすることが往々にしてあるためです。それは，セラピストは意識していないかもしれませんが，セラピストが目標を吊り上げ

ていることになりますし，同意の毀損にもつながります。そのため，あくまで暴力を手放すことが目標である（暴力を手放すことに対する同意である），という最低限度の達成ラインを時折思い返すようにするとよいでしょう。

2. 支援の文脈を示す

考え方

　次に，暴力を止めることと併せて，「支援の文脈を示す」ことが必要となります。というのも，介入には法的根拠（理由）がありますし，また児相であれば，支援役割と介入役割の双方を担うことで，クライエントから見れば，どのような役割のもとでセラピストに「かかわられているのか」，すなわち支援の文脈が見えにくくなるためです。もし，支援の文脈が見えなければ，セラピストのかかわりが単なる個人的な助言やお節介と受け止められることさえある，ということです。

　そこで，セラピストがどういった法的根拠から関与するのか，「支援の文脈」を示します。児相に限らず，暴力を止めることを伝える際には，セラピスト個人の意見ではなく，法律上の根拠に基づいた発言・かかわりであることを示す必要があります。これは文脈に加えてセラピストの役割を示すことでもあります。

　このように支援の文脈を示すことにより「暴力を手放す」というテーマを支援の中心に置き続けることが可能となります。仮に支援の文脈が示されず，暴力を手放すというテーマが見失われる場合，どのようになるでしょうか。例えば，児童の暴力であれば被害者や周囲の大人のせいにする，児童虐待であれば，暴力を振るった保護者の課題ではなく，暴力を振るわれるようなことをした「児童の問題」とされるなど，責任転嫁が生じ，暴力を手放すという主題を扱い続けることが難しくなります。

　つまり，支援の文脈を示すことは，暴力という扱いにくい主題を扱い続けるための臨床的工夫でもあります。法的・社会的要請に基づいて行われる支援は，しばしば対峙的な関係に陥りやすいものですが，対峙的関係においてもテーマを見失わずに支援を可能にするものが「支援の文脈を示すこと」（セラピストの役割説明）です。

方法

　具体的な方法としては，現行法下ではセラピストに暴力を止める役割が定められていること，かかわる目的は暴力を手放すこと，そうした役割と目的を伝えます。説明に際しては，クライエントだけでなく，セラピストもまた法の下に置かれていることを示す方がわかりやすい場合があります。児童虐待を例に挙げれば，保護者は暴力を用いない義務，セラピストは児童の健全育成を支援する義務がある，という説明です。鈴木（2011）は，一時保護後の保護者との面接において，自己弁護と責任転嫁を続ける保護者に「法律システムというスイッチが押され，システムはすでに作動している，そして支援者も法律システムの中におり，停止のボタンを押せるのは児相である」と説明した例を紹介しています。

　首尾よくいけば，支援文脈の説明を通じて，クライエントとセラピストが「現在の法体系において認められうるありかた」を協働して確保するという最低限の共通目標がもたらされます。心理療法における目標の合意が心理療法の効果と関係するという報告がありますが（Cooper & McLeod, 2011/2015），手放す支援における支援文脈の提示と目標への同意は，支援の先行きに影響を与えるものとなります。

留意点

　お気づきの通り，手放す支援のフェーズ0は，リーガルな色合いの濃いものです。しかし，支援の文脈を示すこともまた，一方的に通達するというものではありません。文脈を示すことには，手放す支援についてのコミュニケーション（なぜ，どのように行うのか），すなわちメタ・コミュニケーションという側面があります。あくまでコミュニケーションであるため，支援の初期段階を中心として，繰り返し文脈を示しつつ進めていくことが望ましいものです。場合によっては，他のフェーズでも支援文脈の提示が行われることもあります。動機づけ面接では，実践原則が重なり合い，厚みを増しながら進んでいきますが（Miller & Rollnick, 2013/2019），手放す支援においても，事例によっては支援がフェーズを跨ぎ，重なり合いながら進んでいくことになります。

　最後に，フェーズ0から次のフェーズ1への移行の目安について述べます。

門本（2019）によれば，犯罪を認める上では，①事件の事実（事実が確かにあったと認める），②事件の重大性（重大な結果を起こしていると認める），③事件への有責性（自分に責任があると認める），④謝罪の必要性，⑤支援の受け入れ，という五つの壁（段階）があるといいます。手放す支援のフェーズ移行でも，これらはいずれも大切なポイントになりますが，大きく「暴力の事実」と「支援の受け入れ」には注意を払いたいところです。児童虐待の支援方法の中には，暴力の事実を争わない手法もありますが，基本的には暴力を振るったこと，暴力を手放すこと，支援を受け入れることに同意しているか，がフェーズ移行の目安になります。

足場を作る（フェーズ1）

続くフェーズは支援の「足場を作る」です。本格的なリフォームに向けて，支援の足場を組んでいくようなイメージです。現代では鉄骨の印象がある足場ですが，江戸時代にはその土地にある木材で足場が作られていました（丸山，2002）。現地にある木材で間に合わせて作っていくイメージは，手放す支援にも通ずるものです。この足場作りですが，具体的には，1. 暴力のアセスメント，2. 来所の維持の2点が鍵になります。

1. 暴力のアセスメント

暴力が主訴の場合でも，アセスメント（ケースフォーミュレーション）に際しては，通常の心理療法のインテーク面接で行われる，成育歴，既往症，生活状況，家族関係等（伊藤，2010）の一通りの聴取は網羅的に行う必要があると考えています。ただし，支援技術の上達にしたがって，支援に最低限必要なものだけを聴くこと（侵襲の最小限化）が望ましいと考えています。

網羅的なインテーク面接を前提とした上で，本書では，とりわけ暴力を手放す上で，必要となる部分にポイントを絞って説明します。暴力のアセスメントのポイントとして，（1）暴力を含むやりとりを円環的に表現する，（2）支援の方向性を整理する，の2点を挙げたいと思います。

(1) 円環的に表現する

考え方

　暴力のアセスメント（フォーミュレーション）で核となるのは，暴力がどのように起こったのか，起こった後どうなったのか，そのプロセスを仮定することです。このプロセス（発生機序）を円環的に，すなわち暴力を含む悪循環として表現します。本書では，支援に役立つ仮説という意味を込めて「表現」という言葉を用いています。この円環的なアセスメントは，主に認知行動療法や家族療法からの臨床的示唆に基づいています。ただし，家族療法については暴力を優先して変化すべき対象という立場はとらず，変化の文脈設定に力点を置きます（楢林，2013）。一方で，手放す支援では，まず暴力を止めるという優先順位を持つ点が，家族療法と異なっています。

方法

　具体的には，暴力を振るうクライエントの個人内要因を明らかにしつつ，対人環境との間に，どういう循環（相互作用）が生じて暴力に至るのかを表してみるのです。暴力を含む，人とのかかわりを「矢印」で繋げていき，輪になるよう，連鎖をひねり出してみる，ということです。その際，「自分のことを注意されて（先行事象）お前もできてないくせに，と思い（認知），腹が立ち（感情），大声を出して物にあたり（行動）……」と考えたことと行動をセットにして表現していきます。円環は，行動療法の三項随伴性（先行事象−行動−結果）のつなぎ合わせです。三項随伴性は「行動を捉えるショート・ムービー」（三田村，2017，p.74）と言えますが，それらをつなぎ，ループする「動画」を作り，解説をつけていくイメージです。**この三項随伴性を把握し，行動の機能（獲得，回避等）を推定しておくことが大切です。**特に暴力に関する事例の場合，行動の形態は多様になることが多いのですが（殴る，蹴る等），よく見ると行動の機能は似ているということも少なくないためです。そのため，行動の機能に迫る「**機能的アセスメント**」（三田村，2017，p.282）が重要になります。

　また，暴力の発生可能性を高める「リスク要因」だけでなく，暴力の発生可能性を低減する「保護要因」（Hawkins et al., 1992）にも着目するとよいでしょう。リスク要因は，上述の悪循環のスピードや強度を上げてしまうものであ

り，反対に保護要因はそのスピードや強度を和らげるものです。リスク要因に関心が向きやすい手放す支援においては，保護要因を見出していくことも重要です。具体的には「**とはいえ，これ以上暴力が深刻化しないのは（このぐらいでおさまっているのは）なぜだろうか**」と考えてみることです。その問いを通じて，クライエントの資質や工夫，周囲のサポートが見えてくることもあるかもしれません。

　このようにアセスメントを進めてくると，情報量はかなり多くなってきます。文字だけでまとめようとすると分量が増え，どのように暴力が起きているか，わかりにくくなります。近年の学術論文では，視覚的なまとめ（visual abstracts，graphical abstractsと呼ばれます）が作成されていますが，暴力のアセスメントにおいても，矢印で繋がった輪を図にして視覚的に整理してみると，わかりやすいだけでなく，アセスメントが不足している部分や，支援のアイデア（切り口）が湧きやすくなります。矢印がうまくつながらない部分については空白にしておき，再度アセスメントするといった対応もよいでしょう。視覚的にまとめる方法として，原田（2008，2022）の著作が参考になりますが，原田の文献をもとに，実際に筆者が支援で使用したものを示します（図2，図3）。ポイントは，悪循環と共に支援の切り口も添えて描いてみる点です。このようにまとめることで，よりクライエントに即した支援を行いやすくなります。

留意点

　理解を深めるために，スーパーに食材を買いに行く時を思い出してみてください。献立をある程度イメージした上で，足りないものをスーパーに買いに行けばそれほど問題なく買い物ができますが，献立が曖昧ですと，余計なものを買ったり，必要なものを買い忘れたりすることがあります。そのため，まずは大まかな献立（いくつか予想される見立て）を仮に定めた上で，買物（アセスメント）をするとよいわけです。誤解のないように言えば，これは「目的と素材」という構造に関するメタファーとして用いた表現であり，当然アセスメントの場合は，買い物客のように行うわけではありません。アセスメントに際しては，心理療法と共通する，かかわりの姿勢（髙橋，2014）が求められます。つまり，品定めをする姿勢ではなく，あくまでかかわりを基調として，セラピ

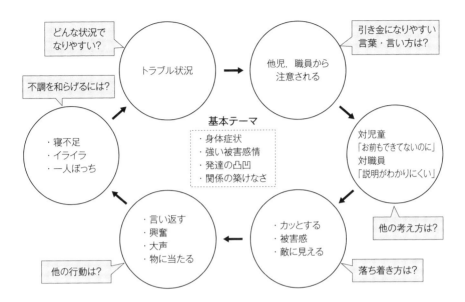

図 2　視覚的なまとめ（他児・職員への暴力）

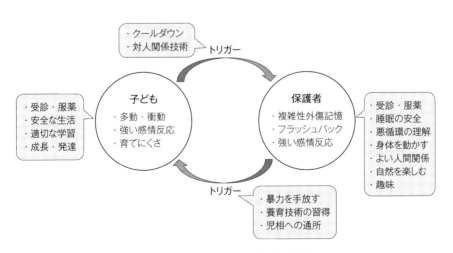

図 3　視覚的なまとめ（児童虐待）

スト自身が感じる想いや感覚を味わい，その中で理解を深めていく「関係性にもとづく理解」（髙橋，2021）というありようが求められます。料理のメタファーを用いるならば，クライエントとセラピストが協働して食材を調達し調理を進めていく，そのような姿勢です。

アセスメントを考える上で，神田橋（1990）は，興味深い指摘をしています。精神科治療の文脈においては，加害者対被害者という図式を描くのではなく，根底に善意を見出しつつ複数の善意の絡み合いやすれ違いが不幸を招いたという図柄が治療に役立つ，というものです（神田橋，1990）。手放す支援において，善意の絡み合いやすれ違いのみで説明することは難しいとしても，目の前の現象が悪意だけでなく，それぞれの善意のすれ違いも考慮に入れることで，より支援に役立つ円環を描くことができるように思われます。

加えて，このアセスメント自体も，支援を通じて修正，解体，再構築されるものだと理解しておく方が，支援における柔らかさを維持できるように思います。

（2）支援の方向性を整理する

考え方

円環的なアセスメントが支援の足場となりますが，同時に，支援の大きな方向性についても何らかの目安がほしいところです。円環的なアセスメントが支援内容を考えるためのものとすれば，この目安は，支援の大きな方向性（ケースワーク）を考えるためのもの，と言ってもいいかもしれません。

もちろん，暴力の質をアセスメントする視点は多数ありますので，単一のアルゴリズムに帰結することは困難ですが（ナンセンスとさえ言われるかもしれません），現場では簡易なものであっても指針があると助けになります。先行研究では，とりわけバイオソーシャル（生物的要因と社会的要因）な視点の有効性が明らかにされていました。そこで，支援との関連を踏まえて，(a) 幼児期の行動特徴（暴力との関連が予想されるもの），(b) 被虐待既往（心的外傷），(c) 支援への動機づけ，の3点について確認しておき，大まかな支援の方向性を見定めます（図4）。

暴力の質という視点で見れば，①が最も重篤であり，⑧が最も変化の可能性が高いと言えます。例えば，幼児期に暴力と関連する行動特徴が確認され，成

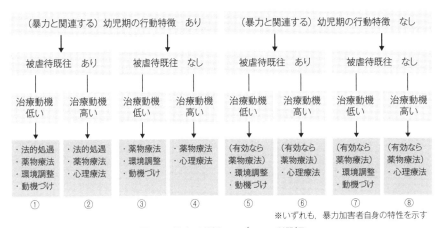

図4　暴力の質とアプローチ選択

育歴において被虐待経験があり，支援への動機づけが低い場合（①）は，法的処遇が中心となる一方で，行動特徴も被虐待経験もなく，支援への動機づけが高い場合（⑧）は，心理療法を中心とした支援が可能となります。

　なお，一口に「心理療法」と言っても，②や④における心理療法は，認知行動療法が軸となりますし，⑥や⑧における心理療法は，一定の象徴機能やサイコロジカルマインドが必要とされる手法も使用可能となるでしょう。加えて，①に近づけば近づくほど，精神科医へのリファーが有効になります。

方法

　方向性を整理するためには，暴力を振るうクライエント，家族，関係者への面接およびセラピストの観察が必要になります。以下では面接におけるポイントを述べます。

　まず，(a) 幼児期の行動特徴です。生物的要因というと，昨今では発達障害特性が着目されることが多いように思われます。こうした着目と共に，「暴力の質」をアセスメントし，支援の方向性を考える上では，幼少時に「感覚探求（刺激希求）性」「過活動」「恐怖心のなさ」「低い自己統制力」といった暴力と関連が深いと言われる幼児期の行動特徴（Moffitt, 2005）の有無を確認します。ざっくりとした言い方になりますが，幼少時に，向こう見ずで落ち着かず，気

難しい感じがあったかどうか，という視点です。

　ただし，Moffitt の研究ではあくまで行動特徴のみが仮説として示されているため，実際の面接でどのように尋ねるのがよいのかは各セラピストに委ねられていると言えます。例えば，過活動であれば「他の子と比べて，じっとしていることが難しかったですか」「印象的なエピソードを一つあげていただけますか」のように尋ねることはできそうですが，ここは工夫の余地が残された部分です。一例ですが，DSM-5 の児童・青年期向けの診断面接マニュアル（Hilt & Nussbaum, 2016/2018）には，症状確認のための言い回しが具体的に記載されています。面接の目的は異なりますが，こうした書籍を参考にしながら，自分なりの尋ね方を作っていけるとよいでしょう。

　次に，（b）被虐待既往（心的外傷）です。先行研究では，責任回避の理由づけに用いられる懸念から，被害体験や心的外傷に触れることには慎重な態度がとられていました。事実，過去の外傷が暴力加害を導くメカニズムについてはいまだ明確ではなく，暴力の背後に外傷があり，その処理過程として加害者になっているという理解には，慎重になる必要があります（岡野，2009）。一方で，扱いに「慎重になること」と「確認しないこと」は異なります。被虐待体験が脳に影響を及ぼすことを踏まえた時，「暴力の質」を考える上では，被虐待既往（心的外傷）をアセスメントすることが有効です。具体的には，成育歴を聴く際に，被虐待の既往歴がないかを確認します。ただし，「虐待されたことはありますか」と尋ねても，重篤な暴力のみを虐待と捉えている場合がありますので，「悪いことをした時にどのように叱られましたか」など，具体的に尋ねるとよいでしょう。

　最後は，（c）動機づけです。支援への動機づけのアセスメントもまた，方向性を考える上で重要になります。場合によっては，手放す支援のフェーズを進めることが不適切な場合もあるためです。具体的には，動機づけ面接でいう現状維持をよしとする言葉（維持トーク）（Miller & Rollnick, 2013/2019）に着目するとよいでしょう。「暴力以外を試したことはあったが，言うことを聞かなかった」「暴力をやめるつもりはない」といった言葉です。こうした言葉が多いほど，動機づけとしては高いとは言えず，暴力を手放すハードルが上がります。

　ただし，クライエントの言葉の中で，「暴力を振るわなくていい方法があるなら教えてほしい」という言葉には注意が必要です（とりわけ児童虐待の対応

においてよく聞かれる言葉です)。

　一見動機づけが高そうな言葉ですが (実際, その通りの場合もありますが),「教えることができるならやってみろ」という反発の意思を暗に示していることもあります。その点を, 動機づけが高いと読み違えて (その言葉に飛びついて), 手放す支援を導入しても,「それはもうやった」「やったけど意味はなかった」等, 支援を脱価値化する反応を呼び込むことになり, 結局はクライエント自身が暴力を手放すことを支援できなくなります。

留意点

　大切なのは, **手放す支援には限界 (適用範囲) がある**, という点です。この点は「強調しすぎ」ということはありません。新たな支援が示されると, どんな問題もその支援一つで対応可能なように見えることがありますが, そうではありません。

　西 (2008) は, 他者への攻撃や破壊性の背景に羨望や倒錯が存在する可能性を指摘しましたが, 暴力に嗜好性がある, 破壊性を満足させることに喜びを感じる倒錯的な傾向やサイコパスの傾向を持つ, 暴力を手放す動機が低いクライエントについては, 手放す支援の適用は不適切です。

　その場合は, 児童の暴力であれば被害届の提出, 児童虐待であれば施設入所・親権停止の申し立てなど, 別種の法的対応に進むことが適切です。また, 暴力の背景に精神疾患の増悪期が疑われる場合には, 措置入院も含めて検討する必要があります。このことは, 現実的に他機関が対応してくれるかどうかとは別に, 折に触れ考えておくことが望ましいでしょう。いずれにせよ, 支援の方向性 (限界) を考える上でも, この 3 点のアセスメントは大切になります。

2.　来所の維持

考え方

　続いて, 来所の維持です。来所の維持が必要となるのは, 法的・社会的要請に基づく支援ほど, クライエントの動機づけが薄いことが多いためです。ただし, 手放す支援においては動機づけの維持ではなく「来所の維持」に焦点を絞っています。それは, 動機づけの維持が, 来所の維持よりもさらに高い目標

であり，支援における「最低限度の達成」という視点から見た時，まずは来所の維持を目指した方が，実現可能性が高まると考えるためです。

方法

　具体的には，来所の必要性（理由・根拠）と終結時期（あるいは終結の検証時期）の目途を伝えることが基本となります。すなわち支援が「有期限・有目的」であることを明示するわけです。

　この必要性と終結時期の目途について，案外説明されていないことがあります。暴力を手放す同意が得られた場合でも，クライエントは内心「いつまで通う必要があるんだ」と不満を抱いていることは少なくありません。その結果，来所が途絶える事態も生じてきます。そのため，どういう法的根拠で，いつまで通い，どうなったら終結になるのかを明示します。もちろん，暴力を手放すことができた場合の終結時期ですので，説明の際には，「暴力を手放すことができているかどうか，が終結の目途になります」と併せて伝えておく必要があります。そのため，終結の時期は，支援を終結できるかどうかの「検証時期」として示すと誤解が少なくなるでしょう。

　この他，来所を維持するバリエーションとして，来所回数を限定する，動機づけ面接の技法を活用する，書面による呼び出しを行う，来所が維持されない場合の不利益を伝える等があります。これらの方法は，大きく，緊張感や負荷を「緩める」ことで来所を維持する方法と，危機感や主体性を「賦活する」ことで来所を維持する方法の二種類に分けることができます。例えば，「あなたにも言い分があるはず。まずそれを聞かせてほしい」と伝えるのは非難への緊張感を緩める言い回しであり，「支援の期間であるのと同時に，評価の期間となっています」と伝えるのは危機感を高める言い回しです。また，法的根拠を示すことで危機感を高めつつ，終結時期の目安を伝えることで負担を限定する，といったように両要素を含む方法も有効となります。

留意点

　来所の維持では「時間内」での来所が必要になります。例えば，平日 18 時までの受付にもかかわらず，日曜夜 21 時なら行ける，という反応は，来所が維持されているとは言えません。そうした行動・やりとりが続くとしたら，暴

力を止めることへの同意が得られているのか，どのような支援の方向性が相応しいのかを点検し，再考する必要があります。

　また，来所の維持にどのような方法を用いるにせよ，暴力の責任は明示しつつも，暴力を振るったクライエントを道徳的に「責めない」ことが大切になります。暴力が深刻な場合，責めたくなる気持ちは自然なものですが，責任の明示と道徳的な糾弾は異なります。あくまでクライエントに求めるのは，暴力の結果を引き受け，どのように暴力が起きたかを明らかにすること，そして同じことが起きないよう努めることです。

　最後に，フェーズ2への移行の目安について述べます。目安としては，①どのようなプロセスで暴力が起きているのか（どう支援すればよいのか）についての把握感がセラピストの中に生まれること，②セラピストの把握した見立てを示し，クライエントが"概ね"同意すること，が目安になります。

　ただし，②について言えば，見立てをクライエントと十分すり合わせる，という通常の心理療法で行うプロセスを経ることが難しい場合も少なくありません。それは，手放す支援が主体的治療契約以前の段階にあり，基本的に望まれた支援ではないためです。その段階で，見立てに関心を示し，建設的にコミュニケートすることは容易ではありません。また，フェーズ2が始まれば体験的に理解できることもあるため，見立てへの同意にこだわり，フェーズを進めないことは，かえって支援全体を難しいものにしてしまいます。「暴力を止めること」に関する同意は不可欠ですが，見立てについては，ある程度のところで「この点については追々理解を深めていければと思います」とひとまず支援を先に進めることが必要となる場合もあります。このように，臨床心理学や心理療法に関する先行研究を参照しつつも，実際に現場で生じることから考える，という感覚が手放す支援には必要とされます。そのため，本書についても，参照枠として活用しつつも，あくまでそれぞれの現場での実践を大切にしてもらいたいと思っています。

支援する（フェーズ2）

　「足場を作る」の次は「支援する」，すなわち支援実行のフェーズです。ここではシンプルに「支援する」としました。「暴力を止める」ところから，すで

に手放す支援なのですが，暴力を手放すための具体的な介入・アプローチを行い，クライエントの変化を促進する段階です。いわゆる，介入らしい介入，支援らしい支援が行われるという意味での「支援」であり，狭義の支援をイメージしてもらえるとよいかと思います。リフォームの比喩で言えば，元々備わっている柱や梁を調整して組み直し，漆喰を塗るといったリフォーム作業そのものにあたります。

　このフェーズは，1. 個別支援と2. 環境へのアプローチを柱として，3. 面接内，面接外の関係に意識を向けることも行っていきます。

1. 個別支援

考え方

　この個別支援は「暴力を振るうクライエントに対する支援」を意味します。先行研究において，多く用いられていた手法は認知行動療法であり，メタアナリシスでも，暴力の治療として最も普及しているものは認知行動療法であることがわかっています（Lee & Di Giuseppe, 2018）。手放す支援の個別支援においても，認知と行動に焦点を当て，暴力に代わる方法を学習することが基本となります。

方法

　すでにフェーズ1の段階で，暴力を含むやりとりが円環的に表現できていると思いますので，その輪を眺め，どこにアプローチするのかを考えて支援を進めていきます。

　アプローチの具体的な方法として，①暴力に関する心理教育，②非機能的な思考（行動）の記録，③認知再構成法，④問題解決法，⑤（ホワイトボードや紙に）暴力前後のやりとりを可視化して共有する，⑥暴力に代わる行動を言語化する等，数多くあります。実際の支援では，複数のアプローチを組み合わせることになります。具体的な方法の詳細については，参考となる書籍がありますので（藤岡，2006；Beck, 2011/2015；NPO法人RRP研究会編著，2020），それらを参照して，取り組むとよいでしょう。

　この際，参考になるのが中井（1982）の指摘です。中井は，精神科治療にお

いて，病める人を中心とする場に関係するパラメーター（変数）が実に多いこと，これらのパラメーターのうち，好ましい方向へ，たやすく動かせるものから動かしてゆくのが現実の治療であることを喝破しました。そして，精神科治療とは，「対症」療法でも「原因」療法でもなく，パラメトリックな治療であるとも述べています。この指摘は非常に示唆に富んでいます。

　手放す支援において，とりわけ**個別支援と環境へのアプローチは，まさにパラメトリックな性質（多くの変数が関与する性質）**と言えます。つまり，「動かせそうなものから動かす」こと，言い換えれば「できることを見出し，確実に行う」ことがポイントとなります。この「できる」には，クライエントが理解できる，取り組むことができるという意味と，セラピストが実行できるという意味の両方が含まれています。暴力を振るうクライエントは，言葉にすることが難しい場合も少なくありません。クライエントができる内容と，セラピスト自身が可能な方法を用いることが大切になります。

留意点

　支援をどのように供給するか，すなわち「構造化の程度」は事例によって異なります。例えば，面接の中で課題を探りながら暴力に代わる方法を柔軟に提案する場合もあれば，認知行動療法の枠組みを用いながらも事例に合わせた運用を行う場合もあります。さらに児童虐待であれば，虐待の再発防止プログラムのように，職権による一時保護からプログラム導入まで強く構造化されたものを用いることもあります。どの程度構造化するのかは，「暴力の程度」と「相談形態」（任意か強制か）によって決まります。

　すなわち，暴力が重篤とは言えず，任意相談に類する形で手放す支援が開始される場合には，より協働的で柔軟な方法をとることができます。一方，暴力がより重篤で，介入的に支援が開始される場合（通報や通告）には，より構造化された支援方法が必要となります。さらに，暴力としては深刻ではあるものの，構造化された支援方法の適用がかえって暴力を維持する結果となることが懸念される場合には，柔軟な方法がとられることになります。この構造化の程度は強く（固く）構造化しておいて緩めることはできますが，緩く構造化しておいて強めることは簡単ではないため，慣れないうちは各回の内容をあらかじめ定めるなど，比較的強めに構造化しておくことをお勧めします。

2. 環境へのアプローチ

考え方

　環境へのアプローチは，主に「対人環境」（家族等）に関するものと「生活環境」（学校，施設等）に関するものの二つに分けることができます。とりわけ，生活環境へのアプローチは，対人環境へのアプローチと比べて大掛かりで，関係機関との調整も必要となることが多いのですが，その分効果を発揮する場合もあります。双方とも，クライエントを中心に置いた時の「環境」を意味しています。

　また，対人環境へのアプローチは，個別支援でもあり環境へのアプローチでもある，という二重の役割を持つことがあります。例えば，家庭内暴力をする児童がいて，その保護者もまた児童に暴力を振るっていたとします。この状況において，保護者（児童の対人環境）に対して暴力を振るわないよう虐待防止のプログラムを行ったとすると，児童にとっては（対人）環境へのアプローチが行われた，と言えます。同時に，それは保護者の側から見れば，保護者にとっての個別支援になっています。取り組む支援内容が多くなるほど，誰の暴力を手放すために支援をしているのか，混乱しやすくなります。若干回りくどい考え方にはなりますが，このようにあえて整理することで，「何を目的とした支援なのか」を見失いにくくなります。

方法

　以下では対人環境へのアプローチと生活環境へのアプローチについて見ていきます。まず，対人環境へのアプローチは，保護者と保護者以外に大きく分けることができます。ここでも個別支援と同様，パラメトリックな性質であることを念頭において，より好ましい方向へと動かしやすい部分から支援していくことが定石です。

　児童が家庭内で暴力を振るっている場合を例に，保護者へのアプローチ（対人環境へのアプローチ）を考えてみます。具体的には，①児童の暴力に非暴力で対応する方法を保護者と話し合う，②夫婦間の問題解決の方法を改善する，③（保護者も暴力を振るっていれば）虐待防止プログラムを行う，といった方法が挙げられます。

　また，保護者以外へのアプローチとして，施設入所児童を例に考えてみると，施設の担当職員・学校教員への助言（コンサルテーション），他児との関係への介入，といったものが対人環境へのアプローチに相当します。なお，セラピストもクライエントにとっての重要な対人環境ですが，この点については「面接内，面接外の関係に意識を向ける」において述べたいと思います。

　一方，生活環境へのアプローチとして，児童による暴力であれば，受診先の調整，学校を訪問して支援の協力を得ること，学校と保護者の関係への支援・介入といった方法が挙げられます。生活環境へのアプローチは，多くの場合，セラピストだけではなくケースワーカー等，他職種の協力も得ながら行っていくことになります。

　いずれも一例であり，アセスメントに応じて方法が選択されることになります。先の円環になぞらえて言えば，円環のどこに切れ込みを入れると，暴力を手放しやすくなるのか（どのパラメーターが動きやすいのか，と同じ意味です），実際にセラピスト自身ができるところはどこかを考えて方法を選ぶことになります。

留意点

　成人による暴力（児童虐待やDV）の場合，暴力を振るった人の責任を明示し，子やパートナーに原因を帰属させない支援を行うことが大切になります。一方，児童による暴力の場合，成人と異なるのは，児童には「保護者がいる」ということです。この当たり前の事実が支援に与える影響は案外意識されていません。「保護者がいる」とは児童だけでなく，保護者もまた児童の暴力を手放す役割（責任）を担う，ということです。この点が，成人（保護者）の暴力と児童の暴力の大きな違いとなります。これは家庭内で暴力が起きている場合，とりわけ混乱しやすいポイントです。

　具体的に言えば，成人（保護者）の暴力の場合，成人（保護者）の暴力のみを取り上げることになりますが，児童の暴力の場合，児童の暴力と共に，保護者のかかわりや監督方法についても取り上げることになる，ということです。特に複雑なのは家庭内暴力の場合です。家庭内暴力の場合，暴力をするのが児童，被害を受けるのが保護者という関係でありながら，保護者として児童の暴力を手放す役割（責任）を担う，という入り組んだ形になります。つまり，家

庭内暴力では，保護者は暴力被害者かつ養育責任者，という立場になってしまうわけです。そのため，セラピストが保護者の被害的側面に配慮しながらも，養育責任者でもある，という側面を忘れないように支援を構成することが大切になります。

　なお，環境という言葉に関して，田嶌（2016）は，環境を「外的環境」に限定せず，個人内のありようもまた「内的環境」と呼ぶことができること，心理療法において，変わるべきは個人というよりも，主体と（内的・外的）環境の「関係」であることを指摘しています。環境という言葉を使う際，個人を取り巻く外的環境を想像しがちですが，この視点から見ると，個人内もまた環境と言えます。したがって，本支援の個別支援は内的環境への支援として，環境へのアプローチは外的環境への支援として一望的に整理できるかもしれません。

3. 面接内，面接外の関係に意識を向ける

考え方

　これまでも，暴力をテーマとした精神分析的心理療法や認知行動療法において，面接内の治療者患者関係に注意する必要性が示唆されてきましたが，手放す支援においても，面接内の関係に意識を向けておく必要があります。同時に，面接外の関係，とりわけクライエントの暴力被害について注意する必要もあります。MST では，面接外関係の影響力が重視されていますが（Henggeler et al., 1998/2008），面接外の関係が，暴力促進的あるいは暴力抑制的に作用する可能性があります。杉原（2016）もまた，精神内界と外界は，相互的・循環的に支え合うことで成立すると述べています。加えて，この相互作用は面接室内外で生じ，「内界から外界まで」が等しく治療的可能性を持つと指摘しています。こうした面接室内外で生じる相互作用の大きさを踏まえた時，「面接内，面接外の関係に意識を向ける」ことの必要性が窺えます。

　面接内関係には，大きく，①面接内における家族成員間の関係（面接の場で起きる家族間のやりとり），②クライエントとセラピストの関係，の二種があります。また，面接外関係には，①面接外における家族関係，②学校・施設・地域での関係，の二種があります。面接内関係では主に関係の質，面接外関係では主に暴力の加害・被害の有無が意識を向ける内容になります。そしてこの

4種の関係は，面接の場を中心とした場合，相互に影響を及ぼしながら，同心円状に広がり面接の場を取り巻く「生態学的様相」を示しています。すなわち，この生態学的様相のすべてに意識を向けることが求められていると言えます。

方法

まず，面接内関係で言えば，①各学派の心理療法の概念から関係を眺めて検討する，②問題となる行動が生じた時に面接（セラピスト）との関連を尋ねる，③クライエントからセラピストがどのように見えているのか想像するといった方法が考えられます。例えば，「彼と面接すると苛立つことが多い気がする……何が起こっているだろう？　彼は，怯えた感じと甘えた感じの両方を，わたしに向けているように思う……彼から見て，わたしは一体どういう存在として映っているのだろうか」と考えてみる感じです。

一方，面接外関係で言えば，面接外での暴力被害がないか尋ねる，面接外での対人関係について，不安や悩みがあるか確認する，といったことです。多くの心理療法では，面接内関係が重視される傾向にあるため，手放す支援では，面接外関係も強調しています。

ただし，意識を向け，考えを巡らし，言語化することが難しいのは，面接内関係です。そのため，転移・逆転移といった精神分析的視点，臨床関連行動（Kohlenberg & Tsai, 1991/2007）の分析，治療者の非機能的認知（Beck, 2005/2007）の明確化といった「参照枠」を用いて，面接内関係を吟味していきます。

留意点

面接内関係を意識することが難しいのは，暴力の特徴——思考を排除する性質——が支援の中心テーマであることも影響しています。暴力をテーマにしていると，セラピストもまた支援のプロセスにおいて，思考が排除されるかのように，十分考えることができなくなるのです。加えて，法的・社会的要請が強い支援において，よりその傾向は強くなります。こうした関係の吟味は，基本的にはセラピスト自らが自身の感覚と参照枠を足掛かりに行うものですが，スーパーヴィジョン，事例検討，他職種とのコミュニケーションといった「エクストラビジョン」（岡野, 2003）によって促進されます。なお，面接内関係

の吟味については，セラピストのありようと関係する部分もありますので，次章でさらに詳しく考えたいと思います。

　最後に，フェーズ3への移行の目安について述べます。基本的には，このフェーズ2において，①暴力を手放した状態が維持されている，②当初想定していた支援内容をある程度（概ね八割ほど）行うことができている，という2点が目安になります。

　特に，①については，クライエントに直接確認するだけでは十分とは言えません。家族や関係機関（学校・施設・警察等）からの客観的な情報が重要になります。なお，暴力を再度振るってしまったり，支援が思うように進んでいない時には，支援を工夫するだけでなく，フェーズ1に戻ることが必要な場合もあります。フェーズを行きつ戻りつ，漆喰を塗り固めるように支援を進めていきましょう。

定着を助ける（フェーズ3）

考え方

　手放す支援の最後は「定着を助ける」です。これは，フェーズ2で行った支援の「定着・維持」を狙ったものです。支援を定着させていく主体はクライエントであり，その動きを支える，という意味を込めて「定着を助ける」としました。セラピスト側から言えば，フォローのフェーズです。リフォームの比喩に対応させるならば「養生する」と言えるかもしれません。漆喰が固まるまで保護するように，支援が定着するための養生が必要となります。

　前述したように，MST，FFTでは共に「般化と維持」の段階が設けられていました（Henggeler et al., 1998/2008；Sexton, 2011/2017）。また，暴力に限りませんが，行動療法では面接内から生活場面への行動の「般化」の重要性が指摘されていますし（三田村, 2017），認知行動療法ではフォローのためにブースターセッション（フォロー面接）を設けることがあります（Beck, 2011/2015）。手放す支援においても，これらの臨床的示唆を踏まえ，支援終結にあたり，手放した状態が定着，維持されるように支援していきます。

方法

　具体的な方法として，面接内で定着を支援する方法と面接外で定着を支援する方法の二種類があります。

　面接内で定着を支援する方法には，①取り組んできたことの評価や意味づけを行う，②支援の定着を確認する，③終結に向けてルールを作成し，機能するかを確かめる等があります。一方，面接外で定着を支援する方法として，①支援終結に向けて施設や学校を訪問する，②（児童虐待であれば）要保護児童対策地域協議会でのモニタリングと支援を依頼する等，アウトリーチやネットワークの活用が挙げられます。加えて，③時間が経過した後にフォロー面接を設けるという方法もあります。これらは事例に応じて組み合わせることになります。

留意点

　ここまで支援を行ったとしても，クライエントが再度暴力を振るうことはあります。その時，セラピストや関係者が落胆した気持ちになるのは自然な反応です（クライエント自身が落ち込むこともあるでしょう）。一方で，クライエントにとってはあらためて暴力以外の方法について学ぶ機会が訪れていることを意味しますし，セラピストにとってはこれまでの支援を見直し，工夫する機会でもあるのです。問題が起きたときに，「**この出来事を“逆に”何かに生かすこと（利用・活用すること）ができないだろうか**」と考える習慣は，支援を粘り強く，また建設的なものに変えてくれます。反対に支援を終結できる目安としては，神田橋（1997）が指摘するように，①素人としての感触である「安心感」，②主訴の改善（暴力を手放すこと）の 2 点が挙げられます。

おわりに

　さて，以上が手放す支援における四つの支援手順でした。本支援では，フェーズを分け，その段階ごとに注意するポイントと方法を挙げましたが，これはあるフェーズに入ったら，そのフェーズ以外のポイントを考慮しなくてもよい，という意味ではありません。例えば，フェーズ 1 で「来所の維持」を

ポイントとして挙げていますが，当然フェーズ2やフェーズ3でも来所の維持に問題が生じる兆候があれば，対応する必要があります。手放す支援では，フェーズごとにポイント（方法）は変化するわけですが，生じる問題次第で，別フェーズで用いる方法が求められる場合もあります。まとめれば，各フェーズのポイントは，本質的に「強調点」として示されており，支援の開始から終了まで，いずれのフェーズでも対応できるよう備えておくもの，と考えていただければと思います。

第7章
セラピストのありよう

　前章では，支援手順について見てきました。本章では，支援手順を担うセラピストのありようについて述べていきます。まず，手放す支援において，セラピストのありようを考える理由をあらためて振り返ります。

セラピストのありようを考える理由

　第1章で見たように，手放す支援は，単に暴力を手放すための営為に留まらず，現代的な生のありようを暴力から考える営みでもあり，目の前のクライエントは，現代的な生の課題をセラピストに問う存在と言えました。そのため手放す支援では，セラピストの考え方だけでなく，そのありようも問われることになります。また，第5章で見たように，暴力というテーマにより，セラピストの不安が惹起され，「暴力の否認や過小評価」が生じやすくなる，あるいは反対に義憤にかられ，正義感に絡めとられやすくなるのでした。いずれも，そのままにしておけば，手放す支援はうまく進みません。しかも，手放す支援は，多くの場合，法的要請に応答する営みです。それは，「社会の側（外側）」のニーズを意識させられる営みであり，クライエントの「人生（内側）」から考える姿勢を削ぐ圧に曝され続けることを意味します。児相はとりわけ強く法的要請の影響を受けますが，他機関においても相似的な事態が生じます。そのため，セラピストの適切なありようを前もって考えておく必要があるわけです。

　もちろん，手放す支援の「幹」は，あくまで支援手順です。それは，手放す支援が時を争うものであり，どこまでも「現実的課題」であるためです。しかし，そうであるがゆえに，支援手順（とクライエント）を支える「根」として，セラピストのありようが求められます。では，そのセラピストのありようとは

どのようなものでしょうか。

必要となるセラピストのありよう

　まず，各臨床的示唆に共通していたのは，「対極的なものを両立させる（体現する）」セラピストのありようでした。対極的なものには，変化と受容，介入役割と支援役割，執行者と援助者，他害行為防止と人生へのアプローチなど，さまざまな水準のものがありました。その中でも最も根源的なのは，他害行為を防止しつつ，人生を眼差すというものです。言いかえれば，支援手順を進めながら，クライエントの生を想像することです。本書では，このありようを端的に「生きるを想う」と呼ぶことにします。目の前のクライエントは，どのような世界を生きているのか。クライエントから世界はどう見えているのか。そのような問いに導かれ，想像するセラピストの姿勢です。

　支援において「生きるを想う」ことが本当に必要なのか，暴力を防止することに徹した方がよいのではないか，という疑問を持たれる方もおられるでしょう。それは自然な疑問です。一方で，第1章でも触れましたが，純粋な「暴力の抑止」に関して言えば，警察官の方が遥かにプロフェッショナルです。暴力を抑止したい場合は，警察の力を借りることで解決するかもしれません。しかし，セラピストが暴力の抑止ではなく「手放す支援」を行おうとするならば，「生きるを想う」セラピストのありようが鍵となります。

「生きるを想う」に向けた，三つの営為

　ただし，「生きるを想う」は，直接的に達成される類のものではありません。あくまで結果として達成されるものです。それは共感が直接的に生じさせることが難しく，明確化等の結果として生じてくるのと同様です。そこで，以下では「生きるを想う」に向けて，前提となる中間的（間接的）営為を検討したいと思います。

1.　考えや気持ちを吟味する——受動的で探索的な構え

考え方

　まず，生きるを想う以前に，暴力がテーマとなる支援では，正義感，処罰感情，暴力の否認や過剰な擁護など，セラピストにさまざまな反応が生じます。こうしたセラピストの傾向に気づくことは，生きるを想う前提となるものです。また同時に，これは面接内関係の吟味や理解にもつながっています。

　こうした情動的体験（感情）から思考（面接内関係やクライエントが生きる世界についての着想）を生み出す働きを，精神分析家であるビオン（Bion, 1962）は「アルファ機能」として概念化し，経験（体験）を考え，蓄え，活用するためには，そのアルファ機能が情動的体験への気づきに"機能する"（operate on the awareness of the emotional experience）必要がある，と指摘しました。一方で，アルファ機能が低下し，損なわれ，不全に陥ることにより，クライエントと"接触"する（contact）可能性が損なわれる，とも述べています。

　また，認知行動療法においても「セラピストに求められるのは，自分自身の感情的な反応や非機能的行動をシグナルとして，治療上の問題を同定するよう努めることである。セラピストは，自分が不快に感じていること，あるいは自分が不適応的な行動をとっていることに気づいたら，自身の非機能的な思考や信念を同定し，自分がどのようなことに対して脆弱であるのか，それを概念化しなければならない」（Beck, 2005/2007, p.185）と指摘されています。ここで注目したいのは「気づいたら」という部分です。この気づきは，セラピスト自身の感情や振る舞いに対するものであり，セラピストの「こころの働き」（セルフモニタリングやメタ認知と言ってもいいかもしれません）によってもたらされるものです。

方法

　具体的には，考えや気持ちの吟味にあたって，考えや気持ちを「これはなんだろう」「何を教えてくれているんだろう」と自問しながらじっくりと探索するような姿勢，すなわち「受動的で探索的な構え」（田嶌，2019，p.75）が有効です。それは，暴力を振るうクライエントに反射的に応答せず，セラピスト

自身の考えや気持ちを吟味することです。言いかえれば，自分自身の情緒や身体感覚に意識を向け，味わい，「理解の訪れを待つ」姿勢です。それは，自らに湧く感情・感覚への好奇心さえ含まれる構え，と言えるかもしれません。自分の中の「他者性」を尊重する姿勢でもあります。この構えこそ，暴力を振るうクライエントが最も苦手とするありようの一つでもあり，こうしたセラピストの姿勢がクライエントにとって一つのモデルとなる可能性もあります。

　とりわけ，セラピストの内に生じる，クライエントへの怒り，憎しみ，苛立ち，不快感，辟易する気持ち，責任転嫁，軽蔑など，一般的には好ましいとされないセラピストの情緒や考えの吟味が鍵となります。これらは「支援の場での暴力の反復」へといざなう可能性を持つものです。そのため，セラピストは，自分の反射的言動，思考，イメージ，身体感覚に気づくこと，そして，これらを抑圧，排除しようとするのではなく，そのままにして吟味することが，クライエントの生が浮かび上がってくる契機となります。セラピストがこれらを禁忌と捉え，"思い浮かべないように努める"ほど，これらは意識下に沈み，セラピストに影響を及ぼします。

　ただし，吟味はそう簡単なことではありません。そこで，まずはそうした考えが浮かんでいるかどうか，ゆったりとした構えで探すこと，特定の考え方しかできなくなっていることに気づくことが大切です。より現実的な言い方をすれば「気がつくことができるまで時間を稼ぐこと」であり，「考えを浮かべながら口にせず待つこと」です。せめて，こうしたことが生じることを知識として知っておく。そのことが吟味や気づきへと一歩近づけてくれます。

留意点

　なお，こうした吟味を通じて浮かび上がった内容は，精神分析が専門とするような，最終的に治療者患者関係への介入（解釈）として，供給されるものではありません。治療構造や支援文脈が異なる中で，セラピストのうちに生じるもの，また関係性に関する感知を「解釈」として供給することは，かえって有害となります（抱え，吟味する構造が十分とは言えないためです）。例外はあるにせよ，原則的には，あくまで「支援手順」を下支えするセラピストのありようの吟味に留めた方が適切でしょうし，それが手放す支援を担うセラピストの「禁欲原則」なのかもしれません。これは，前章で触れた面接内関係の吟味

においても同様です。言いかえれば，そうした視点は「思考の道具（thinking device）」（當眞，2016，p.66）として，つまり解釈ではなく吟味のための「参照枠」の位置に留めることが大切になると考えています。

　この吟味は，基本的に支援の場でセラピストが行うものです。しかし，前章の「面接内，面接外の関係に意識を向ける」でも述べたように，セラピストのありようを共に吟味してくれるスーパーヴィジョン（エクストラビジョンをもらうこと）が有効となります。そのようなセラピストの事情は，一人では暴力を手放すことが難しいクライエントの事情と概ね同様です。

2．暴力から「生きづらさ」を考える

考え方

　二つ目の営為は，暴力からクライエントの「生きづらさ」を考えることです。暴力を通じて，クライエントが生きる上で，どのようなことが苦しいのか，どんな生きづらさがあるのかを想像することです。ここには，単に暴力を変化の対象として見るという以上の意味があります。

　暴力の要因はさまざまですが，クライエントが暴力を振るうということは，少なくとも，クライエントが環境とマッチした状態ではないことを示唆しています。ある個体と（外的・内的）環境との間に，齟齬が生じている場合に暴力が生じます。暴力は，そうした齟齬の顕在的な徴であり，対処行動（あるいは症状）として生じているわけです。齟齬がある状態ですから，当然そこには「生きづらさ」が存在します。暴力とは，齟齬の結果であり，クライエントの心身全体（いのち）からの，齟齬を知らせるメッセージであり，象徴的に言えば「語り」です。

　髙橋（2014）は，水琴窟の音色と心理療法における「こころの音色」との間に，メタフォリカルな符合性を示唆しました。手放す支援においても，水琴窟に耳を傾けるように，そのいのちからの「語り」として暴力を捉え，耳を澄まし，生きづらさを考えることが求められます。語りに触れた時に，はじめて垣間見える生があるのは心理療法に限ったことではありません。

方法

「生きづらさ」を考える具体的な方法は，どんな時に暴力が振るわれているのか，いつから暴力を振るうようになったのか，そこにはどのような苦しさがあったのか。そうした問いを考えることです。これらは暴力のアセスメントとも重なります。ただし，暴力を手放すためだけではなく，生きづらさという視座から吟味し直す点で異なります。

このことは，前述の通り，暴力を「消去」の対象以上のものと見なしていることを意味しています。仮に暴力を消去の対象としてしか見なければ，あるいは触れることを避けるようなことがあれば，クライエントにとっては「語り」に耳を傾けてもらえないことを意味します。また，人が耳を傾けることさえ避ける問題を抱えている，その問題は独りで抱えて解決しなければならない，というメタ・メッセージをセラピストが手渡すことになってしまいます。

投げ込まれた破壊的な感情をセラピストが排除し，やり返すことは当然ながらクライエントに不利益となりますが，同時にセラピストが破壊的な態度を許容し，制限しないことも，クライエント独りで自分の破壊的な感情に対処することを求める行為となります（Salzberger-Wittenberg et al., 1983/2008）。加えて，クライエント自身，暴力を振るうことで，自らの怒りが具体的な水準で実現してしまったことに傷つき，自身のうちにある暴力性に恐怖を抱く可能性もあります（鵜飼，2010）。

それゆえ，性急な直面化や消去，あるいは回避や過小評価ではない暴力とのかかわり方，すなわち，暴力に触れ，語りに耳を澄まし，生きづらさを想像するありようが求められます。

留意点

ここでいう，暴力から生きづらさを考えることは，心理療法を行うことに合意がなされた後で（主体的治療契約の後で），心理療法の枠内において，暴力から生きづらさを考えることとは，質を違えています。暴力が「剥き出しになった事態」において，すなわち心理療法の契約以前の枠外において，言わば「荒ぶる事態」において，手放す支援を進めると同時に，かつ暴力から生きづらさを考える，そうした引き裂かれるような「二重的ありよう」です。これは

困難な課題ですが，それだけに，価値のある試みと言えます。

3.　揺らぎを保つ

考え方

　三つ目の営為が「揺らぎを保つ」です。前の二つが「対象」（セラピストの考え・情緒，クライエントの生きづらさ）を持つ営為であるのに対し，これはセラピストの「状態」に関する言及です。この揺らぎとは「葛藤」の別名です。

　典型的には，手放す支援では，セラピストはクライエントを咎め，怒りを含む懲罰的な気持ちと，クライエントがそうせざるを得ない状況に思いを寄せる，赦免的な気持ちの間で揺れ動きます。加えて，手放す支援は，暴力を中心に複数の人とかかわる支援でもあります。それは，それぞれの人から見える「世界」にかかわることであり，セラピストは各人の「現実」の間でも揺らぐことになります。ある暴力を巡って，それぞれの関係者の主観の間で揺れるということです。これは抽象的な話ではありません。例えば児童虐待であれば，関係者は強く処罰を望んでいるが，保護者は過酷な被暴力体験をある程度乗り越えてきたからこそ現状の虐待に留めることができている一方，児童は処罰までは望まないが離れて暮らしたいと思っている，といった状況です。その中で，セラピストは揺らぐことが自然なのです。

　一見ネガティブにも映るこの「揺らぎ」こそ，生きるを想う上で前提となる営為です。「揺らぎ」とは，ある地点からある地点への，2 点間の往還でもあります。視差によって，立体視が成立する（Wheatstone, 1838）のと同様に「揺らぐ」ことによって，言わば「こころの視差」が生まれ，クライエントの「生」が立体的に浮かび上がる可能性が高まります。

方法

　揺らぎを保つとは，クライエントのありようを決めつけない構えであり，セラピスト自身の揺らぐありようを"問題"として「排除しない」構えです。具体的には，揺らぎをセラピストの中に見つけ，維持することです。場合によっては，意識的に揺らぎを創り出すことさえ有効かもしれません。創り出すとは，例えば，「今，自分の中に迷う感じがないが，何か見落としてないだろう

か」という問いを立ててみることです。考えや気持ちの吟味とも共通する部分はありますが，この「揺らぎを保つ」セラピストのありようでは，より揺らぎを積極的に自らの中に見つけ出し，創り出していくありよう（プロセス）に重きが置かれています。

　加えて，「揺らぎを保つ」には，クライエントが不可知であることへの敬意が含まれている，と言えるかもしれません。人は「わかりきった」と見なすものには揺らぎません。「揺らぎを保つ」という営為の中に，クライエントをわかっていない，わかりきることはできない，セラピストが見えていない可能性や資質がある，不可知である，ということへの敬意があるということです。リネハン（Linehan, 1993/2007）は，弁証法的行動療法におけるセラピストのありようをシーソーに例えました。筆者としては，手放す支援におけるセラピストのありようは，シーソーというよりも，大切なもの，そしてまだ見えていない可能性を育む「ゆりかご」のようなイメージを抱いています。「揺らぎを保つ」背景には，クライエントが暴力を手放すことができるという信，そして支援という場への信，そして不可知への敬意があるわけです。

留意点

　「アセスメントは早期に確固たるものにして，セラピストがぶれず，一貫して支援することが暴力を手放す近道ではないのか」と思われたとしても不思議ではありません。確かに，構造（枠）という点においてはその通りかもしれません。しかし，その構造も，あくまで揺らぎを含み込んだ柔構造（岡野，2008）であることが望ましいものです。

　揺らぎが有効であるという事情は，物理学における最速降下曲線における事情と似ています。すなわち，最速降下曲線に関する実験では，最短ルートが最速ルートではないことが知られています。同様に，一直線に暴力を止めることに向かう姿勢ではなく，一見遠回りにも見える「揺らぎを保つ」姿勢が，生きるを想うことにつながり，その結果，暴力を手放す上でも効果を発揮するわけです。そのため，アセスメントであれ，支援であれ，揺らぎを大切にし（許容し），時には創り出す意識で進めることが有益になります。

　反対に，揺らぎがなくなり安定を迎えた時，生きるを想うありようが失われ，支援は難局を迎えることになります。武術において「動けなくなる状態」

に陥ることを「居着き」と呼びますが，この居着いた状態が危機を招きます（Fujii et al., 2015）。同様に，手放す支援においても，揺るがないアセスメントや支援・セラピストの姿勢によって支援自体が危機に陥り，揺らぎによって危機を脱するという側面があります。

背景仮説としてのメンタライズ

　ここまでは，「生きるを想う」に向けて前提となるセラピストの営為を，言わば「現象的」（行動的）に理解し，「生きるを想う」ありように迫ってきました。では，こうしたセラピストの一つ一つの営為，ひいては「生きるを想う」ありようを機能させるものとはどのようなものでしょうか。ここでは，その背景仮説を考えます。

　生きるを想うとは，生を想像することを端的に表した言葉でした。ポイントは「想像」にあります。この「想像」の土台となる機能が「メンタライズ」（Allen et al., 2008/2014）です。なお，メンタライゼーション，メンタライジングと呼称するのが一般的なのですが，本書においては，神田橋（2022）が指摘するように，より動きが感じられる，動詞形の「メンタライズ」と呼びたいと思います。

　このメンタライズは，「心で心を思うこと」（Allen et al., 2008/2014, p.3）であり，「他人の心を感じ取り理解する行為であり，能力」（岡野，2017, p.205）と定義されます。そして，メンタライズはさまざまな心理療法を機能させる共通因子でもあります（Allen et al., 2008/2014）。このメンタライズが，「生きるを想う」ことを可能にします。「生きるを想う」ありようを「メンタライズ」という言葉を用いて表現するならば「生に拡張されたメンタライズ」と言えるかもしれません。

　つまり，メンタライズはジェネリックな心理療法の土台であると同時に「生きるを想う」背景仮説でもある，と言えます。ここから飛躍的に述べるならば，メンタライズは「生きるを想う」ありようの土台であり，単なる「暴力抑止」を「手放す支援」へと変化させる触媒である。そのように言えるかもしれません。

　注意が必要なのは，「生きるを想う」ありようを考える上で，メンタライズ

というテクニカルタームだけに意義があるのではない、という点です。つまり、メンタライズという概念以上に、メンタライズという概念が内包する基本精神——人はメンタライズの力を元々備えており、すでに行っている「共感」の洗練である（Allen et al., 2008/2014）という考え方——に一層大きな意義があると考えています。なぜなら、メンタライズを土台とする「生きるを想う」こともまた、元来ヒトが備えた能力の洗練である、という位置づけがより明確になるためです。

メンタライズを支えるもの

メンタライズにおいては、「わかりえない（not-knowable stance）」という姿勢を出発点として、感情やこころの状態に焦点を当てていくわけですが（池田, 2021）、こうした一連の行為を支えるものは、セラピストによる細やかな「自他の観察」だと考えています。

この観察は、非言語レベルの所見も含む刺激と反応の繊細な把握を指しており（神田橋・白柳, 2018）、生理・行動・言語の領域にまたがります（神田橋, 1994）。そして、観察の細やかさや感知機能を支えるのは、ヒトの持つ五感であり（神田橋, 1990）、それはセラピスト自身の身体感覚の一種とさえ言えるかもしれません。この身体感覚は、あるものを把握できたという輪郭のはっきりしたものだけでなく、漠然とした違和感、さらには身体感覚の麻痺という逆説的な形でもたらされることすらあります。覚醒水準が適切である時に、メンタライズは最も機能しますが（池田, 2021）、メンタライズがいかに脳を含めたフィジカルなものと密接にかかわっているかが窺えます。心理支援、とりわけセラピストのありようを考えた時、感情、行動、認知といったものに着目しがちですが、身体の感じもまた大切な要素となるのです。

手放す支援はジェネリックな心理療法を先鋭化したもの

ここから少しだけ手放す支援全体へと話を広げたいと思います。第6章を含めて、ここまでをまとめれば「手放す支援⇒支援手順⇒セラピストのありよう⇒生きるを想う⇒前提となる三つの営為⇒メンタライズ」と考えを進めてき

たわけです。反対に，この検討を通じてたどり着いたメンタライズという視点から手放す支援全体について見てみると，手放す支援とは，一面ではメンタライズを土台とする支援，と言うことができます。一方で，従来のジェネリック（汎用的）な心理療法，つまり支持的で共感を重視する心理療法もまた，メンタライズを土台としています。この二つの事実を整理すると何が言えるのか。

　それは，**手放す支援とは，メンタライズを土台とする従来のジェネリック（汎用的・支持的）な心理療法を出発点として，暴力を手放すことに先鋭化・特化した（アクセルを踏んだ）形の支援である**，ということです。その先鋭化の具体例が四つの支援手順とセラピストのありようになります。岡野（2015）は，汎用性のある精神療法を基盤に，必要に応じて特定の治療法の「アクセルを踏む」という考え方を示しましたが，ジェネリックな心理療法からスタートして「暴力を手放す」方向へと先鋭化したものが手放す支援である，と言えます。

　さて，ここまでは手放す支援全体に話を広げてきましたので，再びセラピストのありように話を戻したいと思います。いずれにせよ，メンタライズが「生きるを想う」に向けたセラピストの三つの営為を機能させていると言えそうです。ただし，「生きるを想う」こともまた，純粋な技法として捉えることは適切ではないでしょう。先述の通り，根本的には他の哺乳類とも共通するイメージ機能が発展したものだからです。つまり，人がすでに行っている「相手の視点から世界を理解しようとする」ことの賦活であり，拡張であり，洗練と言えるわけです。ゆえに，程度の差はあるかもしれませんが，多くの人が「生きるを想う」ことを行っており，進展させることが可能な資質であると考えています。

　とはいえ，それは必ずしも順調に進みゆくことを意味しません。意思としてセラピストは「生きるを想う」ありようを目指しながらも，「生きるを想う」ことができなくなることもあります。次に，その困難について述べたいと思います。

失われる「生きるを想う」ありようと回復の糸口

　ここまで検討してきた「生きるを想う」ことは，セラピストの意思や姿勢だけでなく，当然ながら事例によっても影響を受けます。むしろ，支援手順やありようを踏まえた上で支援を始めるものの，支援を進める中で，徐々に「生き

るを想う」ことが難しくなり，支援の中でかろうじて持ちこたえ，支援手順を進める中で「生きるを想う」ありようが回復する，といった形の方が一般的でしょう。

　また，法的・社会的要請による重圧の下，「生きるを想う」ことはおろか，面接内関係の吟味も困難なまま，支援自体が危機に陥ることもあります。暴力を手放すという主題自体，クライエントの「生きるを想う」ことを難しくしますが，そこにケースネスが加わると言えます。

　本章の冒頭でも述べましたが，児相は「外側（社会の側）」のニーズを意識する必要がある機関であり，クライエントの視点，言わば「内側」から考える姿勢を削ぐ「圧」に常時曝されています。このことは，社会のあり方が臨床現場に与えるインパクトの大きさを物語るものでもあります。皆藤（2014）は「心理臨床実践は現代という時代からの要請をきわめて強く受けている」（皆藤，2014，p.29）と指摘しましたが，手放す支援では，そうした事態がより鮮明に生じると言えます。そのため，法的要請が強い事例において，生きるを想う上では，面接内関係の吟味同様，参照枠やスーパーヴィジョンが助けとなります。

　なお，参照枠に関しては学問的バックグラウンドを問わず，セラピストに馴染むものを用いることをお勧めします。学問的バックグラウンド（学派）を問わないのは，手放す支援の出発点はあくまでも「ジェネリックな心理療法」であるため，どのようなものも活用可能だと考えるためです。実際，岡野（2011）は，精神分析をはじめとした特定の理論の使用は，個々の臨床状況に応じて吟味され，その上で役に立つ限りは用いるべきであることを指摘しています。

おわりに

　本章では，セラピストのありようについて検討しました。しかし，実際の支援の場に立てば，その多くの場合，セラピストの「生きるを想う」ことを試みる姿勢とは裏腹に，「生きるを想う」ありようは失われ，支援を通じて辛うじて回復するというプロセスを辿ります。それは，メンタライズの文脈で言えば，メンタライズの破綻と回復が生じるということかもしれません。

　加えて言えば，いずれの事例においても，おそらく最初から（時には最後ま

で）「生きるを想う」ことができることはなく，クライエントの生を「一瞬垣間見ることができたかもしれない」とおぼろげながら感じる，という水準に留まることになります。本質的に「生きるを想う」ことができたかどうかは，クライエント自身の「実感」「主観」によって判断される類のものであり，セラピスト側としては確信の持てない，心もとない状態に置かれます。

　それにもかかわらず，生きるを想うセラピストのありようにこだわり，言葉を重ねるのは，この点が，抑止を支援へと変容させる触媒である，つまり抑止と支援の「分水嶺」となっていると考えるためです。

第8章

事例を通じて理解を深める（1）

性暴力の事例

　本章と次章では，実際の事例を通じて，手放す支援についての理解を深めていきたいと思います。

　以下で検討する事例は，いずれも公開の許可を得ており，個人情報が特定できないよう，本質を損なわない範囲で匿名化および改変がなされています。また，研究倫理上の観点から，京都大学臨床心理学研究倫理審査会の承認を得ています（受付番号：20005　承認年月日：2020年6月17日）。

　まず本章では，生活する地域で性暴力を行った児童の事例について見ていきます。一般的に，暴力の程度が深刻であれば，触法行為として警察が関与することになります。加害者が成人の場合は逮捕となるわけですが，加害者が児童で，かつ13歳以下の場合，児童福祉法に基づいて児相に通告がなされます（14歳以上の場合は家庭裁判所で対応することになります）。児相による調査面接の結果，必要に応じて，児相は児童と保護者に継続的支援を行うことがあります。これは，法的要請から生まれる支援の典型例の一つと言えます。

　ただし，児相への要保護児童通告，そしてその支援自体，広く知られているものではありません。そのため，まずは支援の背景となる，要保護児童通告に関する整理を行い，その上で手放す支援について見ていきます。

児童福祉司指導の概要

　前述の通り，13歳以下の児童が触法行為をなした場合，警察から児相に児童福祉法第二十五条に基づき要保護児童通告がなされます。触法行為には，暴力以外にも器物損壊や窃盗など，多くの種類がありますが，ここでは暴力に関するものに焦点を絞ります。

　要保護児童通告を受理すると，福祉行政機関である児相は，児童福祉法に基づき，調査を経て援助を行わなければなりません。「行うことが望ましい」「行ってもよい」「行いたい」のいずれでもなく，「行わなければならない」。この強制性（法的要請）こそ，要保護児童通告の重大性を示すと共に，支援の難しさを構成する要素となります。

　調査を経て決定される援助の種類は，児童福祉法第二十七条第一項に定められた第一号から第四号までの4種類があります。大雑把に言えば，処遇は四つのコースに分かれており，第一号（訓戒，又は誓約書の提出）が最も軽く，第四号（家庭裁判所への送致）が最も重い処遇となっています。

　このうち，第二号の児童福祉司による指導（以下，児童福祉司指導と呼びます）は，児童と保護者との継続的な面接を通じて，再犯防止に取り組む必要がある事例に適用されます。言い方を変えれば，第一号のように，訓戒・誓約を行うだけでは（すなわち注意喚起だけでは）同じ行為が繰り返されると判断された事例と言えます。

　児童福祉司指導では，概ね2週間から1カ月に一度，児童と保護者に面接をします。名称こそ児童福祉司による指導ですが，通常児童福祉司だけではなく児童心理司（児相における心理職の呼称）が加わり，両者で児童・保護者と一回1時間程度の面接を行います。児童福祉法第二十七条第一項第二号措置は，「指導」という臨床心理学においてやや馴染みにくい，強い印象を与える言葉により定義されています。ただし，その内容については，必ずしも字義通り"指導"のみではなく，心理療法と共通する点も多くあります。ただし，児童本人だけでなく，保護者もまた支援に対するニーズや動機づけが高いとは言えず，時には支援に反発することもあります。一方，児相にとっては，相手のニーズや動機の有無に関わらず，支援を行う責任が法的に措定されている状況です。つまり，児童福祉司指導は，児相側，言いかえれば制度側にニーズがある支援と言えます。

　もちろん，児相における支援だけが，こうした制度側にニーズがある支援なのではありません。第4章で概観した通り，医療観察法下においては制度側にニーズがある場合の心理支援が複数報告されていました。ただし，こうした支援は，施設の外に出ることができない"施設内処遇"が中心です。

　一方，児童福祉司指導は，自宅から通う形，すなわち"社会内"において支

援が行われます。野村ら (2013) は，性犯罪防止を目的とした認知行動療法を行う上で，施設内処遇と社会内処遇の差異を検討しており，社会内処遇において課題となるのは，「支援の継続」と「支援期間中の再犯リスクのマネジメント」であることを指摘しています。この事情は，児童福祉司指導，ひいては手放す支援においても同様です。すなわち，施設内処遇をせざるをえないほど重篤な事例ではないものの，在宅支援特有の困難を抱えている事例，と言えます。

　では，次に実際の事例を通じて，手放す支援について見ていきます。なお，事例の考察部分では，支援手順およびセラピストのありようを枠組みとして，検討を行います。

事例概要

　クライエントは中学 1 年生男児です（以下，A とします）。部活動の帰りに「小 1 女児に抱きつき，キスをした。また，別の日に小 2 女児宅に侵入し，抱きついた」として，要保護児童通告となりました。A の家族は，養父，実母，A の 3 人家族で，養父はトラック運転手，実母はパートをしています。

　A は出生時，30 週に満たず 1000g 程度で出生しています。要保護児童通告は今回が初めてでしたが，児童期以降，万引き，消火器を噴霧させて消火液をまき散らす，火をつけてガスボンベを爆発させるなど，複数の逸脱行動をしていました。学校生活では，遅刻，欠席は少ないものの，成績は不良でした。部活動には休まず参加しています。担任によると，クラスでの友人関係は良好で，他児にも優しさが感じられる一方で，学内外において，逸脱行動をする児童と付き合いがあるとのことでした。

　A が数々の逸脱行動をしていたため，母に「これまでどのように対応してきたのか」を尋ねました。すると，逸脱行動に対しては「殴りながら叱ってきた」ことが明らかになりました。一方，養父は穏やかで手をあげたことはない，とのことでした。母方祖母は A 宅の近くに住んでおり，現在も交流があります。母や A の話からは，母方祖母は A を可愛がっている様子が伝わってきました。

　なお，調査，援助とも児童福祉司と児童心理司である筆者（以下，セラピスト）が協働して行っています。ただし，文書による呼び出し，市や警察，学校

への状況調査，学校訪問の日程調整等，外部機関との窓口的な役割は，児童福祉司が一括して行っています。面接については，主に保護者の面接を児童福祉司が，Ａの面接はセラピストが担当しました。学校訪問については，児童福祉司とセラピストが共に出向いています。

調査と児童福祉司指導の決定

　処遇を決定するため，児童福祉司より，保護者とＡに来所を求める文書を送付したところ，予定の日時に遅れることなく来所しました。はじめに，母，Ａ，児童福祉司，セラピストの４人で面接を行いました。児童福祉司より，警察からなされた要保護児童通告であり，調査のため何度か面接を行うこと，その後処遇が決定されることなど，一連の流れについて，図表を用いて説明しました。Ａは緊張した面持ちで頷きながら聞いており，母も真剣な様子でした。

　合同面接後，別室に移動し，セラピストはＡと面接を行いました。セラピストはＡに，まず事件の概要を尋ねました。Ａは，被害女児を人気のないところに理由をつけて誘い出し，抱きついてキスをしたこと，「自分より弱い方ができると思った」と語りました。さらにＡは，別の女児の自宅に保護者がいないことを確認してから侵入し，女児に抱きついて倒し，同様の行為をしていました。話を聴きながらセラピストは，Ａの直線的かつ暴力的な思考に驚きを覚えました。その後，知能検査，投影法検査を実施しました。結果からは，知的には境界域水準であること，しかし言葉の理解は苦手であることが推測されました。また投影法検査からは，自分の非を認めることが難しい傾向が窺われました。

　児童福祉司による社会調査も併せて考えると，暴力を伴う養育によって，「力ずくで言うことを聞かせる」という関係のあり方を身につけてきたことが推測されました。また，同年代の女児とは親密な関係を築くことも難しいようでした。性的関心を持つ年齢になったＡは，力ずくで言うことを聞かせることができる年少女児を対象とし，巧みに一対一の場面を作り出して性暴力を振るっていました。被害児に口止めもしており，一度目の性暴力を「成功体験」として，Ａは再度他児に対して性暴力を振るったと考えられました。

　調査後，児相内では，被害児が２名であること，盗撮等の間接的な行動では

なく，直接的な性暴力であること，いまだに被害児が近くに住んでいることから，施設入所した上で集中的な支援を，という意見も出されました。一方で，母子とも調査面接への遅刻もなく，面接場面でも真剣な様子が見られていました。また，母はすでに被害児宅にAを連れて謝罪に行っていました。そして，母子共に，支援がどれほど大変であっても取り組みたい，と話していました。

　謝罪を行い，支援への意欲を見せる姿勢は，セラピストにとって，Aと母の持つ「強み」に感じられました（というのも，謝罪はおろか，自分たちの有責性や問題を認めることが難しい場合も少なくないためです）。学校への調査から，登校状況と学内の対人関係は良好であること，また警察への調査から，他の事件も起こしていないことがわかりました。児相内で議論はありましたが，4回の面接と各種の調査から，最終的に在宅支援が可能と判断されました。そして，処遇の変更もありうることを前提に，児童福祉司指導が開始されることになりました。

支援内容

　先行研究においては，性暴力を手放す上で特に必要な要素として，法律の学習，非機能的認知への介入等が挙げられています（藤岡，2012：Kahn,2007/2009）。本事例では，それらの知見をセラピストが吟味した上で整理し，性暴力に至った認知と行動のパターンの検討を中心に，個別支援を構成しました。

　一方，母は，支援に積極的な姿勢は見られたものの，これまでもさまざまな逸脱行動をしてきたAの養育に疲れ，Aを罰してほしいという気持ちもあるようでした。保護者としては無理もない心境ではあるものの，このままではAのみに改善を求めることになり，再び性暴力が生じる懸念がありました。そこで『性的問題行動のある子どもへの援助』（藤岡，2010）と『回復への道のり　親ガイド』（Kahn, 2002/2009）を参考にし，母が性暴力の特徴を理解すること，暴力を手放す監督体制を築くことを目標としました。同時に，母の暴力とAの行動との関連に気づき，暴力を用いない養育方法を学ぶことを支援内容に追加しました。

　加えて，支援開始前，前半，後半，終盤に児童福祉司とセラピストで学校を訪問し，暴力を手放しやすい環境作りへの協力を依頼しています。なお，Aは

128

セラピストと週に一回（90分〜120分／回），母は児童福祉司と2週に一回（90分／回）の頻度で面接を行っています。使用したプリント類は，なくさないよう，持参したファイルに面接終了時にとじてもらいました。また，通所カードも作り，どのくらい来所したか，一目でわかるようにしています。そして，理解を確認する課題と感想文の記入を毎回行いました。家に持ち帰って行う課題は出さず，できる限りその場で完結する課題にしています。では，次に実際の支援の経過を見ていきたいと思います。

経　　過

＃1〜3（X年9月下旬〜10月）

　＃1，まず合同面接の形で，児童福祉司とセラピストは，母とAに対し，児童福祉司指導の決定を伝えると共に，誓約書の形で支援の文脈を示すことから始めました。具体的には，児童福祉司指導が任意の相談ではないこと，再度性暴力が生じた場合だけでなく，来所が途絶えた場合や取り組み姿勢に問題があった場合も，一時保護や児童自立支援施設送致，家庭裁判所送致といった，さらなる処遇の対象となること，支援期間は評価期間でもあることを明示しました。また，Aはセラピストと週に一回，母は児童福祉司と2週に一回，面接を行うことを伝えました。

　その後，別室に移動し，セラピストはAと面接を始めました。セラピストはまず，Aが置かれた立場について〈14歳を超えて触法行為をすれば，始めから家庭裁判所送致となる〉と児童福祉法や少年法の観点から触法行為の重大性を説明し，理解を促す心理教育から始めました。＃2も，セラピストは法律の条文を見せつつ，性暴力の種類ごとに，刑法上どのような罪になり，その結果どのような罰則があるのかを説明しました。Aは，面接室では緊張しながら，殊勝な様子で説明を聞いていました。そうした様子を見て，セラピストは少し安心しました。なぜなら，児童福祉司指導になったことがわかると，この程度の暴力では施設に行かなくてもよいのだ，と解釈する児童（時には保護者）もおり，その場合，面接自体が難航するためです。その点で，Aの面接姿勢は肯定的に評価できるとセラピストは考えました。

　しかし＃3の前に，母より児童福祉司に電話がありました。内容は，Aが

外出先で段ボールに火をつけたこと，その夜は家に帰らず遊んでおり，自転車の鍵を壊して乗るなどの逸脱行動をしていた，というものでした。セラピストは，あれほど面接では殊勝な様子を見せていたのに，と怒りと共に，母が暴力を振るってきた理由の一端が理解できるようにも感じました。同時に，今回の支援を通じて，母は暴力で対応することを手放し，Ａは暴力以外のかかわりを通じて，自分自身の責任を考えていく必要があると思いました。

　そこで，＃3は当初の予定を変更し，逸脱行動について確認を行いました。セラピストが〈今ここに来ていることについて考えた？〉と尋ねると，Ａは「なんも考えずにしていた」「自転車もすぐに返せばいいだろう，鍵も新しくセットすればいいだろうと」「補導されるのは嫌だから，逃げまくろう」と話しました。セラピストはそうした発言に，〈鍵をセットするってどうやって？　逃げまくる？〉とあきれたような気持ちとなり〈そう思う人って，どういう人だと思う？〉「心に隙がある」〈心に隙って？〉「ばれないだろうと」〈あなたがここに来た理由である性暴力との関係は？〉「また小さい子にやって，ばれないだろうと」と，問いを重ねるように尋ねていました。

　面接開始直後の逸脱行動であり，セラピストとしては在宅支援を続けることで同様の行動を繰り返す可能性が頭をよぎりました。面接後，家庭裁判所送致も検討するため，児童福祉司とセラピストは家庭裁判所に行き，家庭裁判所調査官に現状の説明をした上で，送致に関する具体的手続きの確認を行っています。

　この時期，母には支援を行う必要性と意味を理解してもらうため，支援の目的と内容のポイントを記した資料を渡しました。その上で，性暴力が嗜癖行動と似ていること，非機能的な考え方自体は生じうるために管理監督が大切になること，治療教育で再暴力の割合が下がること等について書かれた資料を，児童福祉司と読み合わせることから支援を始めてもらいました。

＃4～9（Ｘ年10月～12月上旬）

　セラピストは，今後もＡが逸脱行動を繰り返せば，支援の継続自体が難しくなると考えていました。そこで，Ａの逸脱行動についての考えも検討することにしました。＃4，はじめにさまざまな行動が法律に触れるかどうかを分類する課題を行いました。この課題では，Ａは概ね分類できており，知識とし

ては，何が法律に違反するのかを理解しているようでした。そこで，次にワークシートを使って，逸脱行動と性暴力の両方に共通した考え方の特徴を取り上げることにしました。セラピストが放火や性暴力の直前に，Ａ自身が考えたことを尋ねると，時間はかかりましたが，Ａはどちらの場合でも，自分に「たいしたことない」と言い聞かせていたことが明らかになっていきました。

　＃5では，再び性暴力への対応について検討をしています。Ａは性暴力を繰り返さないための行動として，「部活をしっかりやる」「自分に（やらないと）言い聞かせる」「（セックスのことを多く考えるときには）運動をする」と答えました。また＃6には，セラピストと共に性に関する基本的なきまりを記した資料を読み合わせました。セラピストは〈自分の "水着で隠れる部分" を触ってもいいのは一人でいる時だけです。他の人の "水着で隠れる部分" を触ってはいけない〉と，具体的に伝えていきました。

　この段階で，児童福祉司とセラピストは学校訪問を行い，児相での取り組みを説明することにしました。学校を訪問すると，校長・教頭・学年主任・担任が出迎えてくれました。学校長が多くの関係職員を説明の場に立ち会わせてくれたことに，セラピストは協働の可能性を感じました。

　そこで，部活動の予定変更について直接保護者と連絡をとることを学校に依頼しました。それは，部活帰りに性暴力が起きていることへの対処であると同時に，保護者と学校側が話をする機会を増やすためでした。具体的には，部活動の顧問を兼ねた学年主任と母が連絡をとること，普段はメール等で連絡し合い，急な変更についても電話で連絡をとるよう依頼しています。母子にあらかじめ支援内容をオープンにすることを伝えていたため，学校訪問時に支援内容の共有と協力の依頼が可能になりました。

　また，この時期に，母に暴力を用いないためのプログラム（佐々木・田中，2016）をセラピストとは別の心理職に依頼して行っています。そのプログラムでは，暴力は子育てやしつけに含まれないこと，暴力を用いずに養育することを明示し，具体的な養育方法の学習を進めています。児童福祉司ができることが望ましかったのですが，ケースの状況を鑑みてプログラムの実施経験が豊富な他の心理職に依頼する形をとりました。

<考えの誤りチェックシート>

考えの誤りは、毎日の生活でよくおこるものです。他の人や自分自身を傷つけることにならないように、
まずは、自分がどんな考えの誤りをしてしまうのか、気づくところから始めましょう。

日	曜日	考えの誤り	チェック	内容
		正当化		
		最小化	○	自分が友達の嫌がることを書いたのに、見ていただけ、と言った。
		怒り		
		責任を負わせる		
		言い訳		
		思いやりのなさ	○	友達の嫌がることを黒板に書いた。
		うそ	○	寝坊して部活に遅れたことを、お腹が痛かった、と言った。
		ちっとも		

図1 非機能的な認知の確認（抜粋）

＃10〜17（X年12月上旬〜X＋1年1月中旬）

　＃10，セラピストは，日々の出来事も取り上げて，非機能的な認知について検討を始めています。その際，藤岡（2010）の様式を利用しています（図1）。

　例えば，"嘘をつくこと"について尋ねると，A は「部活を休んだときに，先生には用事があると言った。お母さんには，休みになったと言った」と話しました。そして，自分のした性暴力の説明に際しても，当初は「かくれんぼしようとしただけ，と言った」と，振り返ることができました。A は，今後の目標として「悪い考えをしない」と述べたため，セラピストは〈悪い考えをしない，ということは難しいのでは。それは，そうした考えを見ないようになる。（非機能的な考えをしていることに）できる限り早く気づくことができると良い〉と伝えています。

　ここまで，認知・行動を中心に検討を行ってきましたが，＃12には，思春期に生じる身体の変化と，マスターベーションを含めた性的な気持ちへの対応をセラピストと A で話し合っています。暴力を生じさせている考え方や行動から，少し「性」という内容にテーマを広げていった形です。これらの心理教育には，理解しやすい，イラスト付きの性教育の本（全日本手をつなぐ育成会，2005）を使用しています。

問題行動:「バイクに二人乗りする」

問題行動のすぐ前にどんなことをしていたのか，そのときどんな気持ちだったか

・友達も二人乗りしているし，いいよな。楽しそうだし乗ってみようかな。

・車も少ないし，風も気持ちいい。

どうすれば，その行動をしないですんだのか

・二人乗りをして，警察に捕まれば，鑑別所に行くことになる，と言い聞かせる。

・だるいから，やめておく，と友達に言う。

図2　逸脱行動の振り返りシート（抜粋）

　この時期には，面接への取り組みは一層熱心になり，家庭や学校での生活も落ち着いていました。ただ，そうしたＡの取り組み姿勢を評価しつつも，逸脱行動への責任をとる必要があるのではないか，と組織として判断がなされました。

　そこで，これまでの取り組みを中間評価として保護者，Ａに書面で伝え，2日間に限定した上で一時保護を行い，一時保護所で逸脱行動の振り返りを行うことになりました。一時保護所にはセラピストが出向き，逸脱行動に焦点を絞ったシート（図2）を用いて振り返りを行いました。Ａはこの面接にも真剣に取り組んでいました。

　一時保護2日目の夜，Ａが他児に暴力を振るった，と一時保護所から連絡が入りました。セラピストは，一時保護中にも関わらず暴力を振るうＡに唖然としました。同時に，面接でのＡの様子によらず，あらためて外的環境の調整が必要であることを痛感しました。一方で，こうしたＡの特徴が支援期間中に判明した点については，かえってよかったとも思いました。

　一時保護所から戻った＃16では，セラピストは一時保護所での暴力を取り上げ，そのきっかけと結果，気持ちや考えを検討し，性暴力との共通点を話し合いました。Ａは「1日目は我慢したんですけど……」（2日目にもちょっかいを出され）「先生に言うことも思いついたけど，怒りが大きくてやりかえしてしまった」と振り返りました。

　＃16の後，生活の確認のため，児童福祉司とセラピストは学校訪問を行っ

ています。しかし，部活動の予定変更について，以前よりも学校と母が連絡を取り合うことができていないことがわかりました。そこで，予定変更について，保護者と連絡をとるよう学校側に再度依頼しました。この時期には，母へのプログラム，児童福祉司とのルール作りも終盤に迫っていました。なお，プログラムの中で，母からは「（以前は）すぐに怒鳴っていた」「（Ａの）気持ちを理解できるよう努力したい」といった感想が述べられています。

＃18～26（Ｘ＋１年１月下旬～３月下旬）

　＃18以降，食事，睡眠，排せつ，登校状況，部活動への参加など，基本的な生活状況に気を配りつつ，性暴力に至る過程を詳細に振り返っています。その上で，Ａと暴力を手放すルールを作っていきました。＃18では〈一年前のあなたを，今のあなたが見て，どういうルールがあれば性暴力をしなくてすむだと思うのか〉と問うと「女の子に近づかない，二人きりにならない」など，Ａは自分に合った方法を具体的に述べることができていました。また“くすぐる”等と表現していた身体接触が性暴力の前段階になっていたことを理解し始めていました。＃21では，2件の性暴力について，あらためて相手の名前，その相手を選んだ理由，どのようなことをして，した後はどんなことを考えたか，なぜそうした行為が問題なのかを詳しく振り返ることができ，Ａが守るルール作りも順調に進んでいきました。

　しかし，＃22，Ａが喫煙していたことが発覚しました。そこでセラピストは〈あなたは以前，母から自分のことを信じてもらえないと話していた。どうして？〉「（以前）タバコを吸っていたことがあるから」〈信じてもらえない原因は〉「自分」〈性暴力への取り組みは言葉だけじゃない，とどう示すのか〉「家に帰って着信を残す。母が電話をかけたときに出る」「必ず面接に来る」と，喫煙についても性暴力と結びつけて振り返っていきました。

　母を含む合同面接では「お母さんが信じていてくれたのに」と，目を潤ませながら母に謝っていました。セラピストは〈流されやすく，ばれなければいいと考えている。今回のことを活かしてほしい〉と伝えています。一方で，確かに逸脱行動はしていたのですが，その内容も少しずつ軽いものになり，また振り返りの際にも，以前と比べて「考えること」ができるようになっている，とセラピストは感じていました。＃24，Ａの被害者としての体験に触れると，

母より叩かれたことを挙げました。セラピストは時間をかけて話を聴いた上で，そうした体験は辛かったであろうこと，同時に，これからの自分の行動はA自身が選ぶことができると伝えています。

逸脱行動は見られたものの，面接期間中の性暴力については再発せず，登校や部活動への参加も維持され，学習への取り組みは少しずつ熱心になっていきました（再暴力の有無は，児童福祉司より警察に確認しています）。面接で，Aは自分自身の考え方の特徴に気づき，性暴力をしないための具体的な対応についても整理ができつつありました。

この時期，児童福祉司と母は，（Aを含め，家族全員が守る）家庭でのルールを話し合い，その原案をセラピストが修正しています。ルールの文言は「12歳以下の子および3歳以上年齢の離れた子に〜」など具体的なものにしました。そして，誰が，どのようにルールを確認するかなど，運用方法も定めています。また，自閉症児への療育技法（月森，2005）を参考に，いずれのルールも否定文ではなく「○時までに〜する」という肯定文にしています。ルールが守れないときの対応についても，ルールと隣り合う形で記載していきました。

ルール作成後は，無理のないルールとなっているかどうかを確認する期間を設け，実際に守ることができるかを確かめています。なお，作成した「家庭のルール」については学校と祖母に手渡すこと，別に作成した「Aが守るルール」には学校と祖母に署名をもらうことを依頼しています。

母はすでに暴力を用いない養育方法を学び終え，Aの行動にも関心を払うようになっていました。児童福祉司とセラピストは再び学校を訪問し，支援終了を検討している旨を説明し，さらに今後のフォローの依頼を行いました。この時期には，母と学校との連絡体制も十分形成されていました。これらを総合し，再暴力の可能性は低下していると判断，最終評価として文書で母とAに伝え，支援を終結しました。

終結時，母は「最初の頃と比べると，見違えるように態度や行動が変わりました。通い始めて1カ月くらいはあまり変化はありませんでしたが，日に日に話し方も穏やかになりました」「人の話をきちんと聞くことができて，自分の立場がどういうことになっているのか理解していく姿を，時間をかけて見ていくことができました。学校や部活もきちんと起きて行くことができるようになり良かったと思います」「今まで学んだことを忘れさせないように，そして私

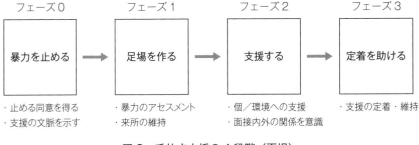

図3 手放す支援の4段階（再掲）

自身も忘れないように今現在の状況を続けていけたらいいと思います」と感想を述べています。

終了後（X＋1年10月）

　半年後，Aと母に来所してもらい，面接を行いました。性暴力だけでなく逸脱行動もなくなり，母も「（Aは）落ち着いています」と報告してくれました。一方，Aは「先のことを考えることができるようになった」と話しました。またAは，母から殴られなくなったこと，母が「すぐにピリピリしなくなって，話を聞き，チャンスをくれるようになった」と語っていました。Aに，あらためて印象深かった取り組み内容を尋ねると，法律の説明，考え方の検討を挙げていました。その後，Aは学業にも真剣に取り組み，高校に合格，通学を続け，再暴力等も報告されていません。

考　　察

　本章の目的は，事例を通じて，手放す支援の理解を深めることでした。以下では，支援手順とセラピストのありようを枠組みとして，検討を進めていきます。この視点から整理することで，手放す支援の持つ，奥行と幅を浮かび上がらせるイメージです。念のため，第6章で示した四つのフェーズを再掲します（図3）。

1. 暴力を止める（フェーズ0）

　フェーズ0の「暴力を止める」では，(1)「暴力を止める」という同意を得る，(2) 支援の文脈を示す，が鍵となっていました。

(1)「暴力を止める」という同意を得る

　まず，顕在化している暴力の停止について言えば，＃1，Aに対して，誓約書の形で暴力を止めるよう申し渡しています。文書の形で明確に示したのは，仮に再度性暴力を振るうことになれば，社会的要請としてさらに重い処遇を判断せざるを得ない，切迫した状況であったためでした。その結果，Aも母も，どれほど支援が大変であっても取り組みたい，と暴力を手放すことに同意し，変化への意思を示しています。

　次に，潜在的暴力の把握と対応について述べます。ここでいう潜在的暴力には，主に二種類あります。A自身の，まだ把握されていない暴力加害と，A以外による暴力加害，具体的には保護者やきょうだいによる暴力の二種類です（ここにはA自身の暴力被害も含まれます）。調査の段階において，A自身のさらなる暴力加害はないようでした。一方，A以外による暴力加害（A自身の被害）の可能性を踏まえ，繰り返される逸脱行動への母の対応を確認しました。すると，母自身，Aに対して暴力を用いた養育を行ってきたことが明らかになりました。この事実を把握したことで，セラピストから母に暴力を用いないよう伝えた上で，後には暴力を用いない養育の学習を開始しています。

　とりわけ，児童に逸脱行動が見られる場合，潜在的暴力を把握するという視点を持った上で，保護者の対処を確認すると暴力の把握がしやすくなります。このように，保護者をAに迷惑をかけられている「被害者」の立場に置かず，児童の養育の場を形成する一員であると捉えることは，潜在的暴力の把握だけでなく，解決への主体性（有責性）を賦活するという意味でも重要になります。

　さらに話を広げれば，仮に本事例で暴力を振るっているのが養父である場合，養父の暴力だけでなく母のネグレクト（暴力の容認・看過），という両保護者の有責性を明示した上で支援を行うこともポイントとなります。特に「暴力の容認・看過」については，その有責性を見落としやすいので注意が必要です。同時に，どのような暴力であれ，行われるのはあくまで有責性の明示であり，犯人捜しの「追及」ではありません。そのため，有責性を明示する際の，

声の音調やテンポ，言い回しが大切になります。

(2) 支援の文脈を示す

　本事例において，文書での呼び出し，調査面接初回の説明，支援開始時の誓約書が，支援の文脈を示す役割を果たしていました。特に調査面接においては「警察からの要保護児童通告であり，調査のため何度か面接を行うこと，その後処遇が決定される」ことを説明しています。また，支援開始時には，児童福祉司指導自体が任意の相談ではないこと，支援期間が評価期間でもあることも示しています。文書での呼び出しに始まり，面接理由から処遇決定のプロセスまで丁寧な説明が行われていますが，こうした説明過程と内容が支援の文脈を示すことになっています。この支援文脈の提示により，Aと母は，自らが置かれている状況を理解し，暴力を手放すことに取り組む準備ができていったと考えられます。

2. 足場を作る（フェーズ1）

　「暴力を止める」という同意を得て，支援の文脈を示した後，続くのは支援の「足場を作る」ことです。(1) 暴力のアセスメント，(2) 来所の維持がポイントでした。

(1) 暴力のアセスメント

　まず，Aの要因に着目すれば，「たいしたことではない」「ばれなければよい」と考える傾向があり，A自身の問題を認めることができない，といった非機能的な認知と行動が推測されました。そして，これらは保護者の暴力によって強められてきた可能性がありました。なぜなら，これまでAにとって非を認めることは，暴力被害に遭うことを意味していたからです。言わば，正直さが暴力被害へと直結する過酷な状況があったわけです。また，暴力による養育の中で，「力によって言うことを聞かせてもよい」という認知をA自身が身につけてきたことも，性暴力に影響を与えていました。

　こうした側面以外にも，ソーシャルスキルの観点から言えば，同年代の女児とは親密な関係が築けていない状況もありました。さらにAは「自分より弱い方ができると思った」と語っており，相手の心の状態，とりわけ心の痛みを

推測するという，メンタライズ（Allen et al., 2008/2014）についても機能不全を起こしているような印象がありました。この機能不全は，母子双方に生じている事態でもありました。

　ごくおおまかにまとめれば，力ずくで言うことを聞かせることができる年少女児と二人きりになる機会を探し出し，口実を作って接近し，「たいしたことない」と考えて性暴力を行い，快を覚え，「ばれなければよい」と二人目の性暴力に及んだ，という暴力に至る悪循環が仮定されました。

　一方で，本事例において十分意識を向けることができなかったものに，Aの「生物的要因」があります。Aには幼少時から多くの逸脱行動が見られ，母の注意——それは時に暴力を伴うものでしたが——にもかかわらず，それらの逸脱行動は繰り返されていました。

　確かに，セラピストはこの事実自体は把握していました。また，生来的にも発達の遅れや偏りがあるのだろう，という水準では理解していました。ただ，こうした幼少時から繰り返される逸脱行動が，何を意味する可能性があるのかについて，解像度高く考えることはできていませんでした。

　しかし，すでに述べた通り，反社会的な逸脱行動を導く「遺伝的素因が予想される行動特徴」として，「感覚探求（刺激希求）性」「過活動」「低い自己統制力」の存在が指摘されています（Moffit, 2005）。A自身，まさにこうした特徴を示唆するような行動が複数見られていました。加えて，こうした生物的要因と過酷な養育の組み合わせが暴力の発生に影響を与えることも示唆されていたのでした（Raine, 2013/2015）。もし，これらの視点でも，Aの行動をアセスメントすることができていたとしたら，より早期の段階で，その後の逸脱行動の予想ができ，精神科での治療等，より事例に即した支援方法を取り得たかもしれません。こうした理解が現場でもたらされなかったのは，セラピストの中で，母の暴力に目を奪われ，逸脱行動の原因を母の暴力のみに帰属することで，そうした視点が失われたためでした。知識としては持ちながらも暴力によって視野が狭窄し，解像度は低下する。この点が，実際の暴力のアセスメントにおいて難しい部分だと感じています。

（2）来所の維持

　まず支援開始時に，誓約書の形で明確に支援継続の条件を示しました。ま

た，支援期間が評価期間でもあることを A と母に説明を行っています。その意味では，誓約書は来所の維持に向けた働きかけにもなっていたと言えます。

　また，処遇決定のための調査を始めるにあたり，A 自身が置かれた状況と児相の役割について，図を用いて説明しています。これは，A が現状を理解することが，A 自らの行動，すなわち来所を維持する助けになると考えたためでした。一方，支援開始後，母には手放す支援の目的と必要性をあらためて説明しています。これは，保護者の協力が A の来所の維持には不可欠であると考えたためでした。

　お気づきかもしれませんが，本事例では支援の文脈を示すこと（フェーズ 0）と来所の維持への働きかけ（フェーズ 1）が同時に起きています。手放す支援では，このように一つのセラピストの働きかけが，複数の要素を兼ねることがあります。支援が順調な時はその進め方でよいのですが，支援がうまくいかない時には，支援に必要な要素をそれぞれ満たすことができているのか，あらためて一つ一つ振り返ることが必要になります。

3．支援する（フェーズ 2）

　続いてはフェーズ 2 の「支援する」です。ここでは，（1）個別支援と（2）環境へのアプローチを柱として，（3）面接内，面接外の関係に意識を向ける，ことがポイントとなっていました。以下で，一つずつ見ていきます。

（1）個別支援

　本事例の個別支援として，認知行動療法に基づいた，A へのアプローチが行われています。ただし，性暴力自体は再発しておらず，発生から時間も経過していました。一方で，深夜徘徊など逸脱行動は支援期間中も繰り返されていました。そこで，セラピストはこうした逸脱行動を，A が自身の認知や行動の特徴について体験を伴って理解する機会と考えました。そして逸脱行動の際の認知や行動のパターンと，性暴力の際の認知や行動のパターンとの共通点を尋ねて検討しています。そのプロセスを通じて，A は性暴力の際に生じた認知と行動について，実感を伴った理解を深めていきました。

　A の逸脱行動に対して，支援の場でこうした検討が行われることは，逸脱行動をするたびに殴られて反省する，というこれまでのあり方とは異なるもの

でした。田嶌（2011）は，暴力を振るう児童に対応する際，単に暴力を防ぐだけでなく，学びの機会にすることの重要性を示唆しています。本事例においても，不適切な点を取り上げながらも学びの機会としており，同時に暴力的でないかかわりをＡが体験する過程にもなっていました。

（2）環境へのアプローチ

　母は，保護者として申し訳ない，Ａを罰してほしいという気持ちを抱いていました。そうした気持ちは保護者として理解できるものでしたが，暴力を手放すことにはつながりにくいものでもありました。そこで，そうした母の気持ちを，性暴力の理解や監督体制の見直しに向けることで，Ａが性暴力を手放しやすくなる環境の構築を進めていきました。また本事例では，母に，暴力を用いず養育をするためのプログラムを行っています。最終的には，Ａから，殴られることがなくなった，母がピリピリしなくなったという言葉が聞かれ，母の変化をＡ自身が実感できたようでした。本事例における，母へのアプローチは，母への個別支援でありながら，Ａにとっては「（対人）環境へのアプローチ」となっています。

　同時に，このＡの発言は，手放す支援が，「力で関係を支配する」というあり方から母子共に脱する契機となったことを意味していました。藤岡（2010）は，性暴力の再発防止において，保護者の暴力を援助対象にすることで，悪循環に歯止めがかかりやすいことを指摘しています。それは，いかに面接での展開がめざましいものであったとしても，面接から戻った家庭で暴力が続いているとすれば，力で関係を支配するありようが残り，非機能的な認知や行動の学習が維持されることで暴力（性暴力）の改善が難しくなるためです。

　加えて，本事例では生活環境へのアプローチも行われています。具体的には，学校訪問を行い，「Ａに目を配り続けることが手放す支援の柱であること」を学校と共有し，学校と母の連絡方法について調整しています。また，作成したルールを，Ａや母から学校と祖母に開示した上で，署名してもらっています。いずれも，暴力を手放す生活環境を整えることを考えて行われたものでした。これは，暴力によってかたく閉ざされた関係をほどき，風通しがよくなるように結い直す過程と言えるかもしれません。

（3）面接内，面接外の関係に意識を向ける

　事例経過を見れば，母の暴力については早期に把握し，プログラムを行うなど，面接外関係にはある程度意識が向けられていました。一方，セラピストとAとの間で生じていた面接内関係については，十分吟味することができていませんでした。象徴的だったのは，支援期間中に繰り返された逸脱行動についての取り扱いです。Aの逸脱行動は，Aの特性のみにより生じたのではなく，面接のあり方とも関係していたように思われました。この点について，詳しく考えてみたいと思います。

　まず，本事例における面接内関係を考える上での参照枠を説明します。ウィリアムズ（Williams, 1998）が指摘するように，精神分析のクライン派においては，暴力の背後にクライエント自身の過酷で迫害的な超自我（persecutory superego），および無意識の罪悪感を想定します。迫害的な超自我と言われても，いまひとつ理解しにくいかもしれませんが，ここではひとまず，耐えがたいほど厳しく自分を責め立ててくるような「内在化された規範」をイメージしてください（この規範の起源は養育者です）。クライエントは，このような迫害的な超自我に抵抗することは難しく，結果として他者から「罰せられるような」行動をとる，という考え方です。周囲を迫害的な対象（超自我）に仕立てて巻き込むとも言えますし，周囲に感情や情緒を投げ込み，抱えてもらおうと四苦八苦している，とも言えます。

　その視点（参照枠）から，本事例の面接内関係を眺めると，どのようなことに気がつくでしょうか。まず，面接でのAのしおらしい様子とは裏腹に繰り返される逸脱行動には「面接ではセラピストに適当に合わせておいて，見えないところでは好き勝手しよう」というしたたかな雰囲気は感じられませんでした。むしろ，迫害的な対象によって罰せられるA，というAの過酷な心的世界が，セラピストを迫害的な超自我に仕立てる形で展開されていたようにも見えます。それは，これまでAと母の間で繰り返されてきた関係でもありました。

　しかし，そうした事態に気づかないまま，セラピストは支援を進めることになりました。セラピストが主観的に体験していたのは，考えるための「スペース」が失われ，どのように適切なペナルティを課すのか，ということに頭の中が占拠されるような感覚でした。今にして思えば，＃3，＃22の，Aを問い詰めるようなセラピストの雰囲気は，迫害的対象として振る舞いつつあることの

兆候でした。しかし，すでに巻き込まれ，関係の「再演」（Britton, 2005）という視点も持たないセラピストに，そうした気づきがもたらされることはありませんでした。知識としては知っていたように思いますが，まさにそれが今セラピストを含み込む形で起きている，と気づくことは困難でした。

　手放す支援，とりわけ法的・社会的要請に基づく児童福祉司指導では，セラピスト側には再犯を恐れる気持ちが生じます。それは，法によって，クライエントだけでなく，セラピストも影響を受けている状態と言えます。この恐れは，リスクマネジメントという形で生かされることがある一方で，クライエントの内的世界の役割（本事例では迫害的対象の役割）を気づかないうちに引き受け，セラピスト自らが「再演」（脚本やスクリプト）の一端を担う，すなわち再暴力の要因となってしまう危険まで孕むものです。本事例では，逸脱行動に応じて面接内容を追加する形で対応していました。内容としては，いずれも必要なものではありました。しかし，逸脱行動を暴力で抑えようとする親子関係を，逸脱行動を課題の追加で抑えようとする形で再演していたのかもしれません。

　もし，Ａの感じている迫害的な対象としてのセラピスト，あるいはＡの抱える無意識的な罪悪感について，より早い段階で仮定することができていたら，課題の追加ではなく，児童福祉司に逸脱行動の対応を依頼し，面接内容については変えないでおくこともできたかもしれません。もちろん課題の追加や内容の変更自体が問題なのではありません。問題なのは，本事例において，そうした複数の選択肢自体を思いつかず，意識的な選択（葛藤）ができなかったことです（なお，Ａの罪悪感と逸脱行動の関係等に触れるという方法もありますが，解釈に近いものであり，控えることが無難なように思います）。このように，面接内関係を吟味できないことは思考と支援の幅を狭めてしまうと言えます。

　では，面接内関係を吟味できないということに対して，セラピストは何ができるのでしょうか。まず，ある事態を考え，吟味するための参照枠を備えておくことです。ここでは精神分析の概念を用いましたが，必ずしも精神分析的な概念でなければならないということではありません。例えば，認知行動療法や機能分析心理療法にも有効に機能する参照枠が存在します。いずれにせよ，法的・社会的要請が強い面接では，「面接内の関係」に意識を向けることを"心がける"だけでは，面接内で生じる関係の実相について十分吟味しきれない可

能性があります。それゆえ，吟味のための，なんらかの参照枠が必要となるということです。

　一方で，本事例のように，概念としては知っているのに，自らがそのようになっているとは気がつかない，という事態も生じます。そのため，馬場（1999）が指摘するように，支援期間中に逸脱行動が生じた際は，面接と「クライエントの行動」との関係を自他に問う（クライエントだけに問うわけではありません）習慣は，クライエント自身が（もちろんセラピストも）行動の意味を理解する上で役立つ可能性があります。つまり，「自分の面接がクライエントの面接内外の行動（とりわけネガティブな行動）にどう影響しているか」を自他に問うことです。また，スーパーヴィジョンにおいて，別の視点から事態を吟味することでも面接内の関係性を考えやすくなります。

4．定着を助ける（フェーズ 3）

　最後は，支援の定着や維持を助けるフェーズです。本事例では，支援終結に向けて，再暴力の有無について警察に確認しつつ，家庭でのルール自体を具体的なものに整えており，ルールを守れなかった際の運用方法についても明確に取り決めています。また，ルールを整えるだけでなく，生活の中で実際に守ることができるかを確かめる期間も設けています。いずれも，ルールの実効性を高め，支援の定着・維持を図ったものでした。また，ルールは祖母および学校の双方にも公開しています。FFT における「一般化」の段階では，拡大家族および学校へと支援を結びつけることを重視しています（Sexton, 2011/2017）。本事例においても，ルールを通じて祖母と学校に支援を結びつけ，支援の定着をより確かなものにしていました。また，支援終了直前にも学校を再度訪問し，引き続きフォローしてもらえるよう依頼しています。

　加えて，半年後にはフォロー面接を行い，支援を通じて身につけた考え方や行動を維持できていること，母子双方の変化について確認しています。本事例のように，フォロー面接を行い，できている部分をあらためて話し合うことは，MST において治療の般化・維持の手法の一つである「家族のストレングスと能力を際立たせる」こと（Henggeler et al., 1998/2008）とも通底していると思われます。

各フェーズのポイントは，支援全体を通じて意識する

　ここまでは，手放す支援のフェーズごとに各ポイントを検討してきました。第6章において，これらのポイントは，言わば「強調点」であり，支援の開始から終了まで，いずれも維持されることが望ましいと述べました。ここでは，「来所の維持」（フェーズ1）を例に，各フェーズのポイントは支援全体を通じて終始意識するものである，という点について考えてみたいと思います。

　例えば，Aへの個別支援（フェーズ2）において，家に持ち帰る形では課題を出していませんでした。それは仮に課題を忘れる行為が繰り返されれば，課題を忘れてもよい，いい加減な取り組みでも許容される，というメタ・メッセージが伝わり，来所への動機づけが低くなることを懸念したためです。また，内容はできる限りわかりやすくし，時折以前の内容について質問し，理解が曖昧なときは説明を行っています。それは，内容がわからないことで来所意欲も下がり，反対に内容がわかりやすければ，性暴力の問題性の大きさも理解でき，来所の維持にもつながると考えたためでした。さらに，当初の予定通り，逸脱行動に対しては一時保護所での振り返りを行っています。これは，Aにとって介入的ではあるものの，殴られるなど暴力を通じた責任の負い方ではありません。暴力の大きな不利益の一つは，暴力で言うことを聞かせてもよいというメタ・メッセージも同時に伝わることですが，暴力以外の方法によって，「結果への責任」を明確にしていくアプローチもまた，来所を維持する上で重要でした。ここでは来所の維持を例に，フェーズ1とフェーズ2を跨いで行った支援を紹介しましたが，手放す支援においては，全フェーズを通じて，各ポイントを意識しながら支援することが望ましいと言えます。

セラピストのありよう

　最後に，本事例におけるセラピストのありようについても考えてみます。手放す支援に必要なセラピストのありようは，「生きるを想う」ありようでした。その前提として，考えや気持ちを吟味し，生きづらさを考え，揺らぎを保つという中間的営為がありました。ただし，こうしたセラピストのありようも，単独で屹立するものではなく，事例の影響を受けます。以下では，事例に即して

セラピストのありようについて考えてみたいと思います。

　面接開始前，母はこれまでも多くの逸脱行動を繰り返してきた A に疲れ，罰してほしいという気持ちを抱いていました。確かに A には，これまでも複数の課題が見られ，今回性暴力をした A に，母が罰を望む気持ちは自然なものでした。一方，A にとっては，これまでの逸脱行動は原因を考える契機にも，教えられ，諭される契機にもならず，暴力によって罰せられるものに過ぎませんでした。こうした事実から，A と母には暴力を伴う閉塞感，そしてそうあるしかなかった「哀しみ」や「生きる苦しさ」が感じられました。

　しかし，そうした雰囲気をセラピストは感じながらも，支援開始後も逸脱行動を繰り返す A を前にして，セラピストの想いは揺れることになりました。面接での殊勝な態度とは裏腹に繰り返される逸脱行動に憤りを感じ，A を問い詰めるかのように質問を重ねており，厳しく注意したい気持ちも賦活されていきました。それは，先述の通り，A の心的世界の「再演」にセラピストが巻き込まれることを意味していました（「義憤」に絡めとられるような瞬間でもありました）。ただし，巻き込まれる一方で，時折，そうせざるを得ない A の心情も頭をよぎり，その思いの間で揺らぐことになりました。それは，見方を変えれば，時に母の立場から A の暴力に向き合い，時に A の立場から母の暴力に向き合い，さらにセラピストの立場から親子の生に向き合うことでもあったのです。それは，再演に巻き込まれながら，複数の生の間で揺れていたと言えます。

　ただし，セラピストは巻き込まれ，揺らぎながらも辛うじて，決めつけと憤りを内に留めていました（要するに，黙っていたということです）。正確には，そうすることで精一杯だったのですが，見方を変えれば，セラピスト自身の揺らぎを排除せず，保つ試みでもありました。セラピストのこの「揺らぎ」が，辛うじて支援の場が暴力に変質することを留めた，と言えます。

　ただし，前述の通り，A の逸脱行動そのものは「生物的要因に基づく行動特徴」であった可能性もあります。今回セラピストは，もっぱら心理的文脈の中で A の生きづらさ，ひいては生を想像しようとしていました。しかし，A の「生物的要因」という可能性を踏まえた時，心理的文脈とは異なる視点においてAのありようについてさらに吟味し，精神科での治療も検討しておくことが望ましかったように思います。

手放す支援の先にあるもの

　手放す支援を終えた時，母の感想からは，これまで母が何度もAに変化を期待しながら，それが叶わず諦めかけていたこと，今回の支援をきっかけに変わることができたAに再び希望を感じ始めていることが窺えました。そして，母は「今まで学んだことを忘れさせないように，そして私自身も忘れないように今現在の状況を続けていけたらいいと思います」と語っています。このことは，性暴力をAのみの"問題"としてではなく，「親子の課題」として性暴力について捉え始めていることを示唆しているように思われました。その母の姿勢は，Aに伝わることとなりました。Aは，フォロー面接の際，母の様子について「すぐにピリピリしなくなって，話を聞き，チャンスをくれるようになった」と話していました。

　今回，手放す支援を通じて何が親子の間に起こったのでしょうか。アレンら（Allen et al., 2008/2014）は「親が子どもを効果的にメンタライズできれば，それは，子どもの側の情動調整を促進するだけではない。それは，相互に不満と嫌悪を引き起こすような親子間交流を防ぐことによって，親の情動を調整することにも役立つ」（Allen et al., 2008/2014, p.294）と述べています。またアタッチメント理論に即して言うならば，児童のこころの状態を推測するような保護者の姿勢であるインサイトフルネス（insightfulness：洞察性）（Oppenheim et al., 2004）の促進につながっているように思われます。事実，オッペンハイムら（Oppenheim et al., 2004）の研究では，保護者のインサイトフルネスの促進が，児童の問題行動の減少と関連することもわかっています。今回の手放す支援を通じて，母の中に，Aのこころを想像し，生きるを想うありようが賦活されたのかもしれません。

　手放す支援を経て，母はAが暴力を手放し，変わる姿を目にしましたが，Aもまた，母が暴力を手放し，変わる姿を目にすることになりました。こうした母の変化は，Aが暴力を手放して生きていくことを，さらに支えるものとなっていきました。そして，それは母もAも暴力により縛られた世界から抜け出し始めたことを意味していました。

　ただし，暴力を手放すことはスタートにすぎません。暴力を手放し続けること，そして暴力を手放すことによって"空いた手"で，どのような「生」を掴

みにいくのか。そのことが大切になります。手放す支援は単に「今現在」の暴力を手放すことを支援しているのではありません。中長期的に見れば，それは，暴力を振るわない未来の養育者，暴力を振るわないことを当たり前の価値観として備える世代を育む支援でもあるのです。

第9章
事例を通じて理解を深める（2）
施設における暴力

　前章では，在宅における手放す支援を見てきました。本章では，児童養護施設における暴力を取り上げ，手放す支援についてさらに理解を深めていきます。念のため，お伝えしますと，児童養護施設は生活施設であり，矯正施設ではありません。つまり，児童虐待や養育者の不在を理由として入所する施設であり，本章で考えるのも，前章と同じく「生活の場で生じる暴力」と言えます。そのため，本章で検討する手放す支援は，先行研究で見てきたような，刑事施設等における施設内処遇とは前提が異なることをまずおさえていただければと思います。

　もしかすると「施設に入ること自体は確かに大変なことだと思うが，施設では安全に過ごしているのでは」と思われるかもしれません。もちろん，多くの児童が，施設職員の献身的な努力によって安全な生活を送っています。一方で，第4章で見たように施設でも深刻な暴力が生じ，支援が行われていることもまた事実です。施設内で暴力が生じる理由と支援方法については，田嶋（2011）が詳細に論じていますので，ご覧いただければと思いますが，ここで大切なことは，施設内で暴力が生じている時には，手放す支援を「優先する」という点です。もし優先という考え方に抵抗感があるようでしたら，手放す支援は，少なくとも他の支援と「並行して」行う必要がある。そのように考えていただけるとよいかと思います。まずは，その理由について触れた上で，事例に入っていきます。

施設において手放す支援が必要な理由

　「施設における暴力を手放す支援？　すでに個別心理療法やトラウマイン

フォームドケアが行われているのでは。それで暴力を手放すための対応として十分ではないか」という疑問が浮かぶかもしれません。確かに，これらは暴力を振るう児童を理解し，支援する上では必要かつ有効な方法論でもあります。一方で，先行研究を見れば，一部の支援を除き，その多くは暴力を優先的に取り扱うものではなく，外傷体験といった「背景」（あるいは根本原因）を想定し，長期にわたり治療を進めていくことを基本としています。

　ここで少し視野を広げて考えてみたいと思います。施設内で暴力を振るう児童がいる，ということは暴力を振るわれる児童がいる，ということを意味します。そして，その瞬間から「暴力を振るわれる児童」にとって，施設は安全ではない場所へと変貌することになります。この状態は，暴力がなくなるまで続くのです。

　暴力を振るわれる児童を含めて支援というものを考えた時に，セラピストはある矛盾を抱えることになります。それは，外傷の回復を願うからこそセラピストは，暴力を振るう児童に外傷接近的な心理支援を行うわけですが，その暴力を優先的に「扱わない」ことによって，結果として，暴力を振るわれる児童がさらなる外傷体験，トラウマを重ねることになっている，という矛盾です。

　「しかし，あくまで暴力を振るう児童がクライエントであり，暴力を振るわれる児童は自分のクライエントではない。もちろん情報の共有はするが，生活担当職員や被害児の担当セラピストが考えることではないか」という整理の仕方も確かに一理あります。全てを担うことはできないわけですから。もしかすると，筆者自身も同じように考えてしまうかもしれません。一方で，皆様も経験がおありかもしれませんが，暴力を振るう児童もまた，さらに年長の児童に深刻な暴力を振るわれており，そのことをセラピストに訴えたとしたら，やはり暴力をすぐに止めるための介入をしてほしいという想いを持たれるのではないか。そのように感じています。

　もちろん，必ずしも同じセラピストが心理療法と手放す支援を共に担う必要はありません。また，心理療法を中断して手放す支援をすべきだという意味でもありません。ここで大切なのは，暴力を手放すことは「優先される事柄である」という共通認識であり，他の支援（心理療法等）と並行した形でも，まずは手放す支援に着手することです。事実，木部（2017）は，社会的養護下の児童にとって最も重視されるべき点は現実生活であり，（心理療法の基盤となる）

空想世界は最低限の環境が整わない限り成立しえないと指摘しました。つまり，この指摘は，暴力がないことが心理療法，ひいてはケアの土台であることを示唆しています。

　別の言い方をするならば，施設における暴力を考えるポイントは「全体として施設・支援を考えること」と「平時と有事の区別」です。第4章で見てきた心理支援は，基本的には長期間の取り組みであり，今現在暴力がないことを前提とする「平時」の支援と言えます。しかし，年齢を異にする複数の児童が24時間生活を共にする空間において生じる暴力，とりわけ力の差がある暴力は「有事」（危機）であり，できるだけ短期間で暴力を手放してもらうことが必要となります。

　これは単に暴力を振るわれる児童を護るためではありません。暴力をはじめとした行動上の課題によって，施設から一時保護が行われた場合，児童の約半数が元の施設を退所しているという報告があります（大久保・山本，2014）。第3章でも少し触れましたが，もし退所になれば，暴力を振るう児童は，築いてきた職員や他児との関係，学校の友人や地域との関わりが断絶し，住み慣れた生活環境と共に，財産となり得た人的環境も失うことになります。そして，心理療法が行われていたとしたら，その治療の継続も困難になります。

　つまり，手放す支援は，暴力を振るわれる児童を護るためだけでなく，暴力を振るう児童を護る上でも必要となると言えます。「発病の論理と回復の論理が異なる」ことを指摘したのは中井（1982）でしたが，暴力が仮に発生プロセスから見て，外傷やトラウマから派生する数ある問題の一つであったとしても，児童養護施設という集団の場における暴力は，優先して，少なくとも他の支援と並行して取り組まれる事柄であると言えます。そして，具体的な方法論として手放す支援が必要となるわけです。それでは，次に事例を見ていきたいと思います。

事例概要

　クライエントは，中学1年生女児です（以下，Bとします）。母（40代後半），弟（小4）との3人家族でした。Bの幼少時，実父から母への暴力があり，離婚しています。離婚後，きょうだいで喧嘩をすると，母はBのせいにして包

丁で脅す，Ｂを殴るなどの激しい身体的虐待があり，小学生の時にＣ施設に入所しました。Ｃ施設入所中，施設職員からの指導に反発する様子は見られましたが，辛うじて施設での生活は送ることができていました。Ｃ施設での生活を経て，家庭復帰したものの，弟の面倒を見ないことを理由に虐待が再発，今度はＤ施設に再度入所となりました。

　Ｂの知能検査（WISC-Ⅳ）の結果（全検査IQ）は82であり，指標得点に差はありませんでした。一方，Ｂは人への不信感が強く，Ｄ施設入所直後から施設職員の指導が聞けず，Ｘ年11月には施設職員の注意に反発し，机をベランダに出して飛び降りようとするなど，行動はエスカレートしていきました。また，施設に備えつけの冷蔵庫や机を壊すといった器物損壊や，他児に対して感情的になり，胸ぐらを掴んで相手を叩くなどの暴力も見られました。

　施設職員との関係も保てず，指導が難しいことから，児童福祉司が施設を訪問して面接を試みました。児童福祉司は，Ｂを責めるつもりはない，と説明するものの，面接内容を指示的なものに移行した途端，Ｂは「指示＝一方的な非難」と受け取り，感情的になって面接室を飛び出し，面接自体が成立しないことが何度か続きました。

　施設全体に暴力が蔓延している場合もありますが，幸いＤ施設については，暴力が頻発している状況にはなく，落ち着いている印象はありました。ただし，それは指導に従わない児童や暴力を振るう児童については，施設長が児相に強く措置変更を要求し，退所を余儀なくされている中での「落ち着き」でした。落ち着いていることには違いありませんが，あくまで措置変更の中で辛うじて保たれている平穏と言えました。そして，Ｂについても同様の流れ──ここで暴力が止められなければ退所を強く求められる展開──の中にあるように思われました。児童福祉司の話によれば，実際，施設長からはすでにＢの退所要請が出ている，とのことでした。この状態に危機を感じた児童福祉司から児童心理司であるセラピストに面接の依頼がありました。

経　　過

初回面接まで

　まず，セラピストは児童福祉司から少し時間をかけて話を聞くことにしまし

た。児童福祉司の話では，施設職員や児童福祉司が，Bの言い分を聞くスタンスの間は話をすることができる，とのことでした。しかし，Bは「責められている」と感じると，面接自体を拒否していました。面接の拒否によって，結局どのように人とかかわり，生活をしていくのか，という肝心な部分について話し合いができず，その結果，現在の状況が維持されていることが推測されました。一方で，Bの言い分を聴くだけに留まれば，Bが退所せざるを得なくなることは目に見えていました。加えて施設職員は，少しでも責められると感じると面接を拒否することを繰り返すBに疲れ始めており，Bの話を丁寧に聴くことも難しい状態となっていました。そのことも，問題の維持に拍車をかけているようでした。

　セラピストとしては，施設職員や児童福祉司から，Bに対する介入役割を期待されていることは感じていました。暴力を手放す上では，介入役割が重要となることも理解でき，介入役割をとること自体は可能であるようにも思えました。しかし，現在のような状態を背景に生じている暴力に関して，セラピストがはじめから介入役割をとれば，Bは来所することもなく，結果として危機的な状況が維持されてしまうことが懸念されました。また，Bの生きてきた過程，すなわち施設入所と家庭復帰を繰り返してきたプロセスを想像すると，心が痛みました。

　どのような役割を担うか葛藤はありましたが，セラピストは児童福祉司のこれまでのかかわりを労いつつ，まずは「気持ちの整理」のため，という形で児相に来所するようBを誘ってほしい，と依頼しました。また，施設をサポートする旨，そして施設職員にも面接の準備をしてもらいたい旨を伝えてほしいと頼みました。児童福祉司は快諾し，早速，施設を訪問してBと面接を行いました。そして〈今，Bがどんな気持ちなのか，何を考えているのかを聴かせてほしい〉とBに伝えました。Bにとっては，その言葉は意外だったのか，ためらいつつも来所を承諾しました。また，Bを担当する施設職員には，Bのできていることや心配な面を児相の面接で整理していくため，面接で話す内容を準備しておいてほしいと伝えてもらいました。

　来所という形をとったのは，場所が児相であれば施設よりも緊張感を持ち，B自身が自分を律しやすくなるのでは，と考えたためでした。また，面接を口頭だけで進めると，場合によっては聞き違いが生じたり，対話のテンポが速く

なることで内容が錯綜し，感情的になるおそれもありました。責められたと感じやすいBにとっては，なおさらそうした可能性が高い状況です。そこで対話内容をゆっくりと一つずつ，表現も考えながら記すことができ，全員が見ることができるホワイトボードを用いて面接することとしました。ホワイトボードに発言を書いていく方法であれば，テンポも上がらず，視覚化されているため，話題の焦点も合わせやすいのでは，と考えました。

＃１（Ｘ年12月下旬）

D施設から児相までは車で一時間ほどかかりますが，時間通りにBは施設の担当職員（以下，担当職員とします）と来所しました。児童福祉司は来るかどうか不安だったとのことでしたが，それはセラピストも同じ気持ちでした。ただし，待合室でのBの表情は非常に硬いものでした。セラピストは表情の硬さを横目に見ながらも，面接室にBと担当職員を案内しました。配席も悩みましたが，ホワイトボードの近くにセラピストが座り，B，担当職員，児童福祉司が一斉にホワイトボードを見ることができるよう，ホワイトボードを取り囲むように座ってもらいました。

セラピストはどのように面接を始めるか，すなわち暴力を止めるよう最初に告げるかどうか迷いつつも，最終的には面接冒頭で，セラピストより〈これまであなたの責任ではないのに，施設で生活することになって大変な思いの中，ここまでがんばってきたのだろうと思います〉と伝えました。指導されると思っていたのか，それまでうつむいていたBは驚いた表情で顔を上げました。

セラピストはBの雰囲気を見ながら，続けて〈その一方で，施設の中でうまくいかないこともあるだろうと思います。そんなことをまず3回，児相に来て整理できたらと思っています。それは話し合って整理できただけで，すっきりしたり，新しい考えや良いやり方を思いつくこともあるからです〉と目的と回数を絞った面接方針を伝えました。Bは真剣な様子で頷き，話を聞いていました。

セラピストは，その様子を見て，課題に先立ち，まず現在Bができていることの問いかけから始めることにしました。はじめに，担当職員に話を振ると，担当職員は「掃除を率先してやってくれる」と，Bの肯定的な面をいくつか話し始めました。セラピストは，内容を聞き返し，ホワイトボードにまとめ

ると同時に，そうした部分を見てくれている担当職員に感心したことを伝え返します。こうしたやりとりをセラピストと担当職員との間で重ねるうちに，Bの表情の硬さが徐々に薄れ始めているように感じました。そこで，Bにもできていること，得意なことを問いかけると，Bは少し間を置いた後，自ら「絵も得意」と語りました。そして，得意なこと，できていることを話している最中に，ふとB自ら「落ち着かないと行動に出てしまう」と述べました。セラピストはBの気持ちを想像しながら〈落ち着いている時には，自分の気持ちを表現できるということかな〉と尋ね返しつつ，ホワイトボードに話をまとめました。

　同時に，B自身の課題について，Bから話すことができるように感じられたため，さらに踏み込み，現在の課題を尋ねました。すると，Bは「イライラした時にコントロールできない。感情のままに動いてしまうから後悔することが多い」と振り返ることができました。この様子に担当職員は驚いた表情を浮かべました。

　こうした面接中の発言は，すべてセラピストがホワイトボードに書き留めていき，面接を終えました。面接終了後，面接の内容を施設で共有するため，ホワイトボードを写真に残し，印刷したものを担当職員に渡しています。翌週，児童福祉司が施設を訪問し，Bに感想を尋ねると「緊張したが，叱られる場ではないと思った」と，笑顔で語っていたとのことでした。

＃2（X＋1年1月中旬）

　Bは前回よりもリラックスした様子で面接に来所しました。前回のホワイトボードの記載を写真で確認しつつ，内容を振り返ることから始めました。今回は，B自ら「最近感情を抑えようと努力している」ことが語られ，担当職員からも「困ったことを相談できるようになってきた」と報告がありました。こうした様子を見て，課題を明確化しつつ，面接の焦点を絞ることを考えました。そこで，問題ではなく“心配”していることをBと担当職員に尋ねました。すると，担当職員からは「納得いくまで怒っている」と発言がありました。内容的には理解できるものでしたが，Bにとって，心配や思いやりとしては伝わらず，問題点の指摘に聞こえるだろうと，セラピストには感じられました。

　そこで〈納得いくまで怒っていると，何が“心配”ですか？〉とあらためて

担当職員に尋ねました。すると担当職員は「社会に出た時には納得いかないルールを守らないといけない場面がある……そのときにうまくやっていけないのでは，と心配」という答えが返ってきました。そこで，セラピストはその言葉を聞き返しつつ，ホワイトボードにまとめていきました。そのやりとりをBはじっと聞いています。

　するとB自ら「息抜きが上手くできない。たまにすごくイライラしてきてあたりたくなる」と話し始めます。自分のあり方を客観視した発言がBから出たことに担当職員も感心しています。セラピストは，そうしたBと担当職員の雰囲気を感じ，今後の目標に話を向けました。すると，担当職員からは「感情にまかせて言葉を口にするのではなく，一呼吸置けるようになってほしい」との意見が出されました。この時，担当職員からBに直接語りかけるのではなく，セラピストに対して意見を述べ，その意見を間接的にBが聞いています。もし直接Bに対して語りかければ，Bは反発していた可能性もありましたが，この時には，部屋を出ることもなく，じっと聞いていました。面接の終了時間が来たため，前回同様，意見をまとめたホワイトボードを写真として残し，担当職員に手渡しました。翌週，児童福祉司が施設を訪問し〈次に来るのを待っている。たくさん話をしよう〉と伝えると，Bは照れくさそうに笑顔で頷いていた，とのことでした。

＃3（X＋1年2月上旬）

　待合室でBは担当職員と談笑しています。その様子を見てセラピストは，面接の冒頭から課題に焦点を当てます。担当職員から，Bが「友人に穏やかにノーと言えるようになった」こと，そして「困っていることを職員に相談できるようになった」と報告がありました。一方で「同年代の児童や職員に対して，伝え方が感情的なことがあるので心配」とのことでした。セラピストは担当職員が以前のように“問題”ではなく，“心配”という視点からBについて語るようになっていること，心配な点にBが耳を傾けるようになっていることを感じました。そこで，今のB自身のありようについて，0〜10点でスケーリングを行うと，Bは「1点」と厳しい評価をしました。客観的にはずいぶん落ち着いてきた状況で低い点数をつけるBに，セラピストは胸が詰まる思いがしました。

　次に，B自身が目標とするイメージを明らかにするため，今後Bがどうなりたいかを尋ねると「友達からの誘いを嫌だったらちゃんと断れるようにしたい」と答えました。セラピストにとって，その発言は意外なものでした。というのも，Bは基本的に他児に対して強い態度を示していたためです。

　Bに点数を1点上げるために何ができそうかを尋ねますが，答えはありませんでした。その様子を見て，担当職員に話を振ると，担当職員は「その場を離れる」「不満を話す」等の方法を提案してくれました。Bはその提案を聞いています。セラピストは〈簡単には解決しないことだから悩む。だから皆で考えていこう〉と伝えると，Bは頷いていた。

　面接の終了時間が近づいてきました。支援期間中のBの様子から，児相に継続的に来所する意味が感じられたため，セラピストからBに来所継続の意思を確認しました。するとB自身は，これ以上継続的な面接を望みませんでした。Bの行動が落ち着いてきたことから，担当職員としてもまずはBの意見を尊重して一旦面接を終了したい，とのことでした。セラピストは，面接回数の少なさから，面接を終えることに若干の不安はありつつも，Bの意思を尊重しようと考えました。面接の最後に，セラピストから〈児童福祉司が今後も継続的に訪問する。再度来所の希望があれば言ってほしい〉と伝え，来所面接を終了しました。

＃4　フォロー面接

　来所面接が終了してすぐに，児童福祉司が施設訪問しました。Bと面接すると，暴力を手放した状態は維持されており，担当職員の話でも，暴力はなく，以前より言葉で想いを伝えることもできるようになった，とのことでした。

　来所面接終了から1年が経ち，セラピストがフォローのために施設を訪問しました（＃4）。Bは明るい様子で面接室に入室してきます。Bは以前とは見違えるほど穏やかに話をすることができました。

　当日は冷え込んだ日でした。面接が終了し，セラピストが帰ろうとすると，Bは「寒いからこれ飲んだら」と自らの小遣いで買った温かい紅茶のペットボトルを，照れくさそうにセラピストに手渡しました。そして，セラピストが施設を出るまで，担当職員と共にセラピストを見送っていました。

考　　察

　本章は，施設入所児の事例を通じて，手放す支援についてさらに理解を深めることが目的でした。まずは支援手順，ついでセラピストのありようについて検討していきます。

1．暴力を止める（フェーズ0）

(1)「暴力を止める」という同意を得る

　本事例においても，セラピストは暴力を止めること自体は，優先課題として考えていました。一方で，セラピストから暴力を止めるよう直接告げることはしていません。それは，すでに面接前の段階で，施設職員より暴力を止めるよう繰り返し注意を受けていたこと，暴力が維持される相互作用，すなわち暴力を止めることへの同意を最初に求めることでかえって暴力が維持されるパターンが予想されたこと，その悪循環を緩和する鍵は支援の導入にある，と考えていたためです。同時に，支援が成立すれば，暴力を止めることに近づきうるのではないか，とも考えていました。

　事例Aのように，面接が成立しなくなる可能性があったとしても，暴力を止めることを最初に示す必要があることも少なくはありません。要保護児童通告が来ている触法事例，成人であれば児童虐待が，こうした事例に該当します。つまり，法的要請が明確な事例です。また，これまで誰もはっきりと暴力を止めることを伝えていない場合には，暴力を止めることを先に明示し，同意を得た方が，暴力を手放す可能性は高まります。そのため，セラピストは，暴力を止める同意を得ることを「面接技術」として身につけ，実際にできる必要があります。

　これらを前提とした上で，本事例では，セラピストは暴力を止めること（に向けた同意）をどのような方法で行うか，葛藤し，揺らぎながらも，最終的に間接的アプローチを選択しました。そして，まずBの置かれている状況を想像し，その状況の困難に触れることから面接を始めています。この葛藤を含んだセラピストの営為は，一面においては“賭け”でしたが，結果的にはBは驚いた表情と共に，話に耳を傾けることになりました。

　その上で，セラピストはオープンクエスチョンを用いながら，Bの話を聞

き返してホワイトボードにまとめていきました。そのプロセスの中で，最終的にはB自ら「感情のコントロールができない」ことを課題として述べています。このプロセスは，動機づけ面接（Miller & Rollnick, 2013/2019）において，開かれた質問と聞き返しを重視しつつも「早すぎるフォーカス」（Miller & Rollnick, 2013/2019, p62）を自制する面接方法とも符合しています。また，セラピストの葛藤や揺らぎが，支援に対して効果的に機能した可能性も窺えました。

　このようなゴールとプロセスの区別が，「暴力を止める」という同意を得ることに関して，非常に難しい部分になります。暴力停止の優先（ゴール・枠組み）は変わりませんが「どのような方法で同意を得るのか（同意を得た状態にするのか）」（プロセス・手段）は事例ごとに異なります。つまり，直接止める方法がよい，あるいは直接止めない方法がよい，と一概には言いがたいわけです。例えば，暴力を止める同意を直接求める場合でも，それがプロフェッショナルな見立てに基づく適切な支援となることも，義憤や正義感に絡めとられたサディスティックで自己愛的な行為になることもあり得ます。反対に間接的に行う場合でも，それがセラピストの思慮ある留保であることも，怯えや不安に基づくセラピスト側の回避にすぎないこともあり得るでしょう。直接・間接のどちらが良いのかは，方法論のみで判断することはできません。これらは，支援を行う中で，はじめて明らかになっていきます。

　ここで大切になるのは，①結果として同意を得た状態を目指すこと，②どちらの方法もできるようにしておくことです。つまり，「暴力を止める」ことが優先されるという原則は変わりません。しかし，支援開始前からどちらの方法がよいのか，ということを知ることはできません（できるのは仮説を立てることだけです）。そのため，いったん方向性を決めて（仮固定して）支援しながらも，仮説を修正し，方法を変えていく姿勢——開かれ，揺らぎを排除しない姿勢——が重要になります。その際，**「どちらの方法がより暴力を止めるという同意に向けて寄与するか（機能するか）」**という考え方が大切になります。こうした手放す支援における「相転移」あるいは「弁証法」とも呼びうるセラピストのありようと変化が不可欠であることを理解しておくとよいでしょう。

（2）支援の文脈を示す

　前述の通り，Ｂは施設職員や児童福祉司との面接内容が指導的なものになれば，被害的に受け取り，面接室を飛び出すことを繰り返していました。しかし，それはＢ自身が意識的に行っているというよりも，Ｂ自身もまたコントロールが難しく，むしろ突き動かされている，という印象に近いものでした。そこで，本事例では，Ｂ自身が置かれている状況に触れることから支援の文脈を示すことを始めています。そして，支援の場については「考えや行動をあらためて整理する場」として提示しています。

　ただし，暴力を手放す上では，考えや行動を整理するだけではなく，暴力を手放すことに向けて面接を進めていくことが必要となります。つまり，Ｂが被害的にならないようにしつつも，Ｂの暴力を巡る課題を面接の場で話し合う，というミッションがあるわけです。そこで，セラピストは，面接にはＢだけでなく，担当職員と児童福祉司にも同席してもらいました。そして，各支援者がＢについて語る内容をセラピストが聴き，Ｂがその語りを間接的に耳にする形をとっています。この面接構造を作ることで，課題についてもＢはある程度客観的に，落ち着いて聞くことができるのではないか，ひいては部屋を飛び出すことも，来所を拒むことも少なくなるのではないかと考えました。つまり，本事例においては，支援の文脈を示すことが，フェーズ1での来所の維持も見据えながら行われていたと言えます。

　なお，本事例において，Ｂ自身が施設内で暴力被害を受けている情報はなく，本児から被害が語られることもありませんでした。また，事前のアセスメントにおいて，施設全体としても暴力の加害・被害が生じている様子も見られていません。ただし，児童養護施設に入所する児童自らが暴力被害について語ることは容易ではありません。施設入所児における手放す支援においては，とりわけ潜在的暴力に意識を向けることが必要となります。さらに言えば，意識を向けるだけでは潜在的暴力の把握としては十分とは言えません。そのため，暴力が潜在的に生じていないか，仕組みとして（しかも関心を持って）聞き取りを行うこと（田嶌，2011）が有効となります。この仕組みとしてのアプローチという点が，家庭内における潜在的暴力の把握との違いでもあります。

2．足場を作る（フェーズ 1）

（1）暴力のアセスメント

　B は被虐待経験による，強い不信感と被害的認知を抱えていました。対人関係上の葛藤が生じると，そうした不信感や被害的認知が活性化され，暴力を含めた極端な行動により，B は葛藤の解消を図っていました。また，施設職員や児童福祉司との面接では，内容が指示的，指導的になると，B は「非難」と受け取り，面接室を飛び出すため，面接自体が成立せず，その結果，悪循環が維持・拡大されていました。そうした，対人関係の課題（悪循環）が拡大的に生じ続ける促進因として，B 自身も行動の統制に手を焼くような，発達性トラウマ（van der Kolk, 2014/2016）の影響も感じられました。

　加えて，B の情緒的側面に関して言えば，＃ 3，客観的には落ち着いてきた B が，スケーリングで「1 点」と厳しい評価を自らにつけたことは，意外でもあり，納得のいくものでもありました。前章の事例 A でも触れたように，精神分析において，暴力の背後には過酷で迫害的な超自我と罪悪感の存在が指摘されていました（Williams, 1998）。この考え方は，本事例の理解においても有効な参照枠となります。面接開始時にはわかりませんでしたが，B の暴力もまた，時に迫害的と言えるような B 自身の厳しい眼差しと罪悪感によっても引き起こされている可能性がありました。その意味で，B が「ちゃんと断れるようにしたい」という目標を述べた裏には，B の普段の振る舞いからは想像できないほど，B にとっての他者は断ることさえできないような迫害的な存在として見えていること，自らはそうした対象に抗うことが難しいという主観的な（内的な）現実があったのかもしれません。こうした B にとってのリアリティは，母とのかかわりによって形成されてきたように思われました。

　なお，今回のアセスメントにおいて，B の幼少時の生物的要因については，被虐待経験と発達性トラウマへの着目に留まっています。暴力と関連が深い幼児期の行動特徴（Moffitt, 2005）については，過去の記録上は見られないことは確認できていますが，その詳細は把握し切れていません。幸い，B には深刻な解離等は見られず，最終的には暴力を手放すこともできましたが，仮に暴力が持続する場合，暴力の質をアセスメントし，精神科での治療を検討する上でも，暴力と関連する幼児期の行動特徴に関する視点をセラピストが持った上で，あらためて幼少時の様子を知る保護者に面接することが望ましいと思われま

す。ただし，児童虐待への介入として（対立的に）施設入所が行われている場合，虐待をした保護者とのやりとりさえままならないことも多いため，この点については聴取できないこともある，というのが実際のところかもしれません。その際は，記録や関係者からの間接的な聴取に基づいて推測することになります。このように，手放す支援においては「理想的到達点」と「現実的到達点」をセットで考えておくとよいでしょう（この考え方と言葉は同僚が教えてくれました）。

（2）来所の維持

　＃1，面接の冒頭で，Bの状況に対する「セラピストの理解」を伝え，回数を制限した上で，課題の整理を行うことを説明しています。これは，Bがこれまでも繰り返し指導され，今回も指導されると思っていると十分予想できたためでした。暴力の重篤性を考慮に入れた上ではありましたが，「指導ではない文脈を作ること」が本事例における来所の維持には不可欠でした。ルボルスキー（Luborsky, 1984/1990）は「クライエントが予測するセラピストの反応」がクライエントの行動に影響を及ぼすことを指摘しています。本事例ではセラピストの介入が指導ではないこと，そして面接回数も上限があることを最初に示すことで，来所の維持を試みました。同時に，面接の構造に配慮した上で，聞き返しといった動機づけ面接（Miller & Rollnick, 2013/2019）でも用いられる技法を活用して面接を進めました。いずれも来所の維持を意図したものであり，結果として来所が維持され，手放す支援の足場ができていきました。

3．支援する（フェーズ2）

（1）個別支援

　本事例における個別支援としては，Bとの面接が挙げられます。面接では，まずBのできていること，肯定的な側面を取り上げることから始めています（＃1）。このアプローチを通じて，Bの中に，自らの課題に触れるゆとりが生まれたようでした。実際，肯定的な側面を話す段階にも関わらず，Bは自身の課題に言及することができています。ただし，その際にも，セラピストは課題としてそのまま取り上げるのではなく，まずは肯定的な形でまとめています。その結果，＃1の終了後に，Bは児相での面接が「叱られる場所ではなかった」と話しています。

　また面接では，課題の背後で担当職員が抱く「心配」を引き出し，課題を心配の視点から整理して面接を進めています（＃2）。グリーン（Greene et al., 2000）は，問題を"懸念"として焦点化する重要性を指摘していますが，本事例においても，課題を心配から語り直すことで，Bは比較的落ち着いて話を聞いていることができました。加えて，Bの課題を「心配」の視点から話し合うことで，施設・児相に「指導される問題」から，B自身が主体的に「困っている課題」として共有可能になったと思われました。ワクテル（Wachtel, 2011/2014）は，内容が適切であっても，伝え方が練られていない解釈は，臓器移植の拒絶反応に類する結果をもたらすと警鐘を鳴らしていますが，本事例では，暴力が「自らが困っている課題」として再定義されることにより，課題が拒絶されることなく，話し合うことが可能になったのかもしれません。

　さらに，Bとの面接では，現状把握から解決方法を見出していくために，スケーリングを行っています（＃3）。実際，先行研究においてもスケーリングを用いて危機に介入する有効性が報告されています（Greene et al., 2000）。ただし，本事例では，スケーリングを通じても担当職員からのみ解決案が提示されるに留まり，具体的な方法を話し合うまでには至りませんでした。そこで，Bにどうなりたいか，広くBの「願い」を尋ねると，Bは「友達の誘いを断れるようにしたい」と解決のイメージを語ったため，こうしたイメージをまずは尊重し，Bと支援者（セラピスト・担当職員・児童福祉司）が協働する文脈で面接を進めています。

　こうした一連の工夫が，日常生活での担当職員による支援とBの体験の積み重ねにつながり，暴力を手放す上で功を奏したと思われました。このBと支援者が協働する文脈は問題の減少だけでなく，Bの援助希求とその言語化も促したと考えられます。同時に，Bの考えや行動のパターンを取り上げて検討するプロセスでもあり，Bのセルフモニタリングが促進された可能性もあります。セルフモニタリングは，行動変容を促すだけでなく（Beck, 1985/1987；伊藤，2016），すべての健康法の基礎ですらあるという指摘もあります（神田橋，2021）。その点においては，セルフモニタリングを可能にする「内省するための基礎的な力」をBが備えていたことも，今回の結果に寄与したと言えるでしょう。

（2）環境へのアプローチ

　本事例では，この対人環境へのアプローチも大きな役割を果たしていました。まず，Bを取り巻く対人環境である担当職員，そして児童福祉司に対して，セラピストから労いや感心した点を明確に伝えています。これは，暴力や逸脱行動を繰り返すBに，施設職員や児童福祉司が疲弊していることが容易に想像されたためです。Bにとっての対人環境である施設職員や児童福祉司の意欲が，回復しないまでも維持されることが，支援を進める上で重要だと考えました。

　また，ホワイトボードや印刷した写真を用いることで，施設内において担当以外の職員に，より正確に支援内容を共有することができました。施設では，複数の職員が交代で勤務しており，施設内での正確な情報共有と対応の統一は暴力を手放す支援において有効となります。

　加えて，来所面接の後には児童福祉司が施設を訪問しています。村瀬（2003）はセラピーとセラピー以外の時間が連動することの重要性を示唆しましたが，本事例でも「支援促進的な環境」を整えることで，施設の生活支援の中で解決策が具体化され，施設職員と共に試行錯誤した結果，Bが暴力を手放すことにつながったと考えられます。

　さらに，面接内では，セラピストがBの気持ちを推測し，発言をリフレーミングしていました。こうしたセラピストのかかわりを担当職員が見ることで，Bを捉える担当職員の視点が変化した可能性もありました。アレンら（Allen et al., 2008/2014）は「トラウマを負い，メンタライズする能力が損なわれている親のために，精神療法家が子どもについてのメンタライジングのモデルを示す」（Allen et al., 2008/2014, p304）ことの重要性を指摘しました。担当職員のメンタライズする能力は損なわれてはいませんでしたが，その疲弊は明らかであり，セラピストがメンタライズのモデルを示すことが，対人環境へのアプローチとなっていた可能性があります。その点で言えば，Bの暴力については担当以外の職員も対応するため，担当以外の職員も面接に参加することができていれば，さらに有効な支援が可能だったかもしれません。

（3）面接内，面接外の関係に意識を向ける

　本事例では，まず面接内関係に意識が向けられた上で，面接構造が設定されています。具体的には，Bと担当職員の双方が，セラピストに語る内容を互い

に客観的な形で聞くことができるよう，面接構造を設えています。この設定により，Bの肯定的側面をセラピストに伝える担当職員をBが目にし，担当職員もまた内省を口にするBを目にしています。こうした機会は，通常の施設生活の中では，得られにくいものでした。急性精神病の危機介入法であるオープンダイアローグでは，支援者同士の語りを聴くステップが存在しますが（斎藤，2018），本支援においても支援者同士の語りを聴くという設定が肯定的に作用した可能性があります。こうした設定と面接により，新たな担当職員像がBに生まれ，担当職員にも新たなB像が創出され，その結果として関係性の変化が生じたのかもしれません。

　また，セラピストがBにとってどのように見えるのか，その見え方からどのようなかかわりになりがちなのか，そうした面接内関係についても意識が向けられていました。具体的には，迫害的な不安を抱えるBから見ると，セラピストもまた迫害してくる対象に見えたであろうこと，やりとりの中でそれらは容易に活性化・再現するであろうこと，また施設の期待や児相の役割を考えるあまり，指導を急ぎがちになる状況であること，こうした面接内の関係を頭に置いた上で支援を進めていました。

　同時に，本事例では面接でのBの生活とBを取り巻く対人関係について，すなわち面接外関係についても意識が向けられ，支援が展開されていました。そして，それはフェーズ2になって始まったものではなく，支援開始前から行われていました。

　具体的には，#1の前に，児童福祉司に施設訪問を依頼し，施設をサポートしたい旨を伝えてもらい，その上で支援内容の説明をしてもらっています。事前説明を依頼したのは，すでに施設職員とBの間で否定的な相互作用が繰り返されている可能性が高いことが想像されたためです。そのまま支援を開始すれば，担当職員が当日Bの肯定的な側面を思い浮かべられず，反対にBの「問題」をセラピストに次々と訴えることで，面接がBを糾弾する場となり，指導ではない文脈作りが困難になると想像されたためでした。同時に，児童福祉司・担当職員の心境を斟酌して依頼したのは，先に述べたように，双方ともBとの関係に疲弊し，面接に意欲を持ちにくくなっていることが予想されたためでした。

　また，フェーズ2においても，面接後には，児童福祉司に施設訪問を依頼

し，面接外におけるBと担当職員の様子を確認してもらうなど，面接外関係に意識を向けています。そして，足かけ3カ月にわたり，児相で面接を行う設定も，面接外関係への着目から生まれた支援構造です。片道一時間ほどかかる児相への道のりは，Bと担当職員だけの個別的な時間になることが予想されました。さらにマクロの視点で見た場合，児相に通うことそのものが，職員集団，施設全体へのサポートとなっていた可能性もありました。

4. 定着を助ける（フェーズ3）

本支援の定着・維持の試みは，①面接内における工夫，②フォロー面接の二種類がありました。まず，①面接内における工夫は，フェーズ2の環境へのアプローチと重なっています。すなわち，話し合った内容を書いたホワイトボードを写真に残し，施設内で共有してもらうことで，Bが暴力を手放しやすい環境作りを促しました。

一方，②フォロー面接については，来所面接終了後に児童福祉司が施設を訪問しています。また，1年が経過したタイミングで，セラピストも施設訪問し，フォロー面接を行い，生活状況の確認をしています。危機介入においては，危機が解決されているか，フォロー面接を行い，さらに追加的な面接を設けるかを判断する重要性が指摘されています（Roberts & Ottens, 2005）。本事例においても，定着を支えつつ，いつでも手放す支援を再開できるというセラピストの姿勢は，暴力を手放していく上で，クライエントと施設職員を静かに励ますことになります。

セラピストのありよう

Bは母から暴力を受け，施設の入退所を繰り返していました。文章にすれば，このわずか一文の出来事は，想像を絶する外傷的な体験です。幼くして施設に入り，ようやく家で生活できると期待した上で，暴力によってその望みが絶たれることは，最初から一切の望みがないことよりも，遥かに酷な事態です。また，この事態は，暴力を振るう保護者だけでなく，帰宅を判断した措置権者である児相にも責任があります。このように，大人に翻弄された過酷な生をBは生きてきたと言えます。Bにとっては，大人である，というだけで迫

害的で侵襲的な対象そのものであっても不思議ではありません。

　そうした生を生きる B と，セラピストは暴力を手放すことを周囲の支援者から期待される形で出会うこととなりました。もちろん，それは B が自ら望んだ出会いではありませんでした。

　セラピストとして，B の過酷な生を想像すればするほど，支援することは難しいのではないか，と無力感を覚えました。同時に，B の生を想うと胸が詰まりました。その想像のプロセスは，B の生と苦しさを知ろうとする試みでもありました。そして，この試みは，B の苦しみの実相を正確に言い当てることができるかどうかといった次元とは異なっていました。それは「共苦へと歩を進める」という表現が適当な営みであり，セラピスト自身も B との出会いによって自分を変えていく，すなわち B との出会いを「生きる」姿勢が求められていました。

　♯ 1，セラピストの理解を伝えた際の B の驚いたような反応は，セラピストの想像した内容が当たっていたからではありません。原理的に言って，セラピストが B の過酷な生を，B が感じているように理解することは不可能です。そうではなく，セラピストが B の生を想像し，共苦へと歩を進めるありようそのものが B に伝わったことで，B のそうした反応を生んだと思われます。セラピストを迫害的な対象として見ていたと思われる B の認識と，実際のセラピストのかかわりの間に差異が生じたのです。そして，それは伝えた内容よりも，想像するセラピストのありよう自体が重要な意味を帯びた瞬間でもありました。

残された課題とまとめ

　本事例は短期間のかかわりであり，コミュニティ心理学における危機介入（crisis intervention）として見ることもできるかもしれません。幸い暴力の再発はありませんでしたが，第 6 章で見たように，仮にトラウマの課題が生物的要因を伴って重層的に深刻化し，激しい興奮や解離の常態化が見られる場合には，精神科での治療を検討する必要があります。その意味では，本事例のアセスメントは十分ではなかった，と言えます。

　また，今回は B を中心とした支援でしたが，田嶌（2011）が報告したよう

に，「施設への措置」という構造そのものが暴力を引き起こす要因となり得ます。施設に来ることができてよかったと言う児童は少なくありませんが，保護者の要因で入所し，かつ入退所の自由度が低い措置制度そのものが児童にとって不本意感を生み，そのことは暴力の促進要因となり得ます。それゆえ，異年齢で多数の児童が生活する施設養育において，暴力を「手にしない」ための平常時のかかわりと仕組み作りが求められます。今回，暴力が生じた時の具体的な対応についてまでは施設職員と話をすることはできませんでした。支援期間中に施設内でBが暴力を振るったまさにその時に，どのように対応するか，その手順についても具体的に整理しておくことが望ましかったように思われました。

　一方で，本事例を通じて学んだのは，暴力を手放すという支援手順と「生きるを想う」ありようが，交わらない並行的な関係ではなく，想像すること——正確には，想像しようとするセラピストのありよう——が支援内容を展開させ，支援がさらなる想像の素材をもたらすような，一体的な関係であることでした。なにより，過酷な生を生きながらもBが最後にセラピストに示した思いやりは，筆者に「人を支援する」「人が生きる」ということへの希望をもたらし，今もなお筆者自身のありように影響を与えています。

最終章

「情理の臨床」としての手放す支援

　本書の目的は，「暴力を手放す『臨床心理学的支援』とは，どのような営為なのか」という問いに迫ることでした。ここまでは，児相を一つの「事例」として，具体的な手放す支援のモデルを明らかにしてきました。最終章である本章では，手放す支援をさらに検討していくことで，この問いに迫っていきたいと思います。

　はじめに，「支援手順とセラピストのありよう」の関係（構造）について検討します。本書では，支援手順とセラピストのありようをひとまず独立したものとして扱ってきました。以下では，その両者の関係をメタ的に考えることを通じて，「暴力を手放す臨床心理学的支援」に迫っていきます。その足掛かりとして，まず，暴力の被害・加害が複雑に入り組んだ形のヴィネット（vignette）を示し，検討を進めます。

ヴィネット

　保護者から性暴力を受けた女児を，児相は一時保護の末，施設に措置した。暴力から解放され，安全だと感じたのは，周囲の支援者だけであったのだろうか。その児童は，当初は施設に来たことを喜んでいたが，しばらくして，施設を無断で飛び出し，自宅に戻った。性暴力をした男性と，性暴力を知りながら看過した母親がいる，その家に。その後，女児が付き合い始めた未成年のパートナーとの子を妊娠したことが，セラピストに知らされた。市の担当職員は，「生まれてくる子を育てることはできない。出産自体，虐待だ」と憤然として言い放つ。

　セラピストはその報告に驚きながら，女児と話す機会を持った。会ってみ

ると，拒絶的な雰囲気の女児は，学校も辞め，未婚のままで同棲して出産する，出産は楽しみだ，と言う。パートナーは仕事をしておらず，遠方に住む両親とも疎遠であるという。一方，女児の母親も経済的にはひどく困窮しているが，出産を喜んでいる，との話だった。セラピストは，施設にいた時の明るい女児との違いや，妊娠を喜んでいるという女児の母親の話に戸惑いながら，今後のことを尋ねる。だが，女児は「なんで言わなくちゃいけないんですか」と不愉快そうに口を閉じる。

　この女児の語りに接した時，セラピストは多くの疑問と共に，現場に立ち尽くすことになります。

　　妊娠した女児は，どのような世界を生きているのだろうか。女児にとっての暴力とはなんだろうか。女児こそ，暴力の被害者なのではないか。出産は，女児が自らのトラウマを癒す方法として無意識に選択したものではないか。しかし，生まれてくる子にとっては，誕生自体が暴力の被害となるのだろうか。止めるべき暴力は，誰の暴力なのだろうか。
　　セラピストがすべきなのは，女児の妊娠を喜ばしいと考えることだろうか。出産が無事行われるように準備を手伝うことなのだろうか。若年出産の苦労を説明することだろうか。親族に協力を仰ぐことなのだろうか。里親委託を勧めることなのだろうか。出産後，児相の権限で強制的に一時保護をすることだろうか。しかし，一時保護は，女児，胎児にとっての暴力ではないのか。だが，なにもしなければ，これまで見てきた多くの虐待事例と同様，暴力の再生産の始まりを，美辞麗句の下に看過するだけなのではないか。

　こうした状況では，セラピストは手放す支援における支援手順を，そのまま適用することはできません。しかし，この事態に対応するのは，セラピスト以外にはいません（なぜなら，ヴィネットのような事態では，どの関係機関も最終的には児相に通告をしてくるからです）。この時，辛うじてセラピストを機能させるものは，事例Bで見たような，生を想像し，ともにあろうとする，共苦へと歩を進めようとするセラピストのありようです。

　さまざまな疑問がセラピストの頭を巡った。どのくらい時間が経っただろうか。口を閉じた女児に向かって，おずおずと，だがまっすぐ女児を見ながらセラピストは語りかけた。〈……これだけは約束してほしい。困ったときは，相談することを〉。女児は，これまでの拒絶的な雰囲気を一瞬だけ解き，真剣な目で頷く。セラピストは，児相ができること，現在の法律，子の養育方法について，あらためて説明を始めた。

　こうした形で示すと，どこか支援手順を用いることができない状況が来るまでは，従来通り支援手順を進め，進めることが困難な状況においてはセラピストのありようで対応する，というような意識的選択がなされているように感じられるかもしれません。

　しかし，実態は異なります。上述のありよう，すなわち方法（手順）とありようを分けることができず，溶け合った状態は，実際のところ，出会いの最初から存在するものであり，方法論が機能しにくい状況で，自然とセラピストのありようが前景化しているにすぎません。言いかえれば，セラピストのありようは，支援手順の「通奏低音」として溶け合い，一体となって流れていると言えます。

　セラピストとの面接から1年以上過ぎたある日，写真が届けられた。仲睦まじく過ごす母子の姿だった。女児は当時のパートナーと正式に婚姻し，遠方にある夫の実家で，子育てをしていた。連絡を取ると，「元気すぎるくらいです。産んでよかった……。毎日，髪を結んであげられるのが楽しい」と愛おしむように我が子について語った。「時々母からは戻っておいで，と電話がある。でも，慣れてないのは自分だけじゃない。受け入れてくれた家族も同じ。自分だけ慣れない中で『頑張ってます』っていうのは違うかな，と思って」〈……なんだかずいぶん成長して，大人になったみたい〉とセラピストが言うと「まだまだ子どもです！」と照れたような，しかし誇らしげな声になった。

　セラピストのありよう（あるいはセラピスト・クライエント関係）が支援手順に影響を与えることは，臨床心理学という文脈においてもすでに指摘されて

います。極端な例では，認知行動療法においても，「転移」や「逆転移」（精神分析の用語です）が生じることが示唆されています（Prasko et al., 2010）。しかも，セラピストの「共感」（支持的心理療法の用語です）によって，認知行動療法過程で生じる「転移」や「逆転移」を，より認識しやすくなるという報告もあります（Vyskocilova et al., 2011）。つまり，セラピストのありようによって，セラピスト・クライエント関係の影響を把握し，マネジメントできる，というわけです。

　この研究だけを見ると「セラピストのありよう⇒技法」という影響の一方向性を想定しますが，興味深いことに，クライエント側から見た時には，セラピストのありよう以上に「技法的介入そのもの」がセラピスト・クライエント関係を形作る（強める）という報告もあります（Bedi et al., 2005）。これは，「セラピストのありよう⇒技法」とは反対の方向性，つまり「技法⇒セラピストのありよう（あるいは関係性）」という影響の仕方を示唆したものです。このように，臨床心理学においても，技法と人のありようは，単純な因果関係に回収できるものではなく，その相互性が窺えます。

　この心理療法における相互性と手放す支援の相互性は重なっています。第7章で示したように，手放す支援とはジェネリックな心理療法の枠組みを出発点として，暴力を手放すことにアクセルを踏んだ（先鋭化した）支援であるため，それは当然かもしれません。

　ただし，一点だけ，そして大きく異なる部分があります。それは，相互性の前提となる「認識論」です。具体的には，従来の心理療法における相互性は，あくまでも技法と人のありようは独立のものである，という認識論に立脚しています。一方で，手放す支援では，支援手順とセラピストのありようが元々一体となっているという認識論に立っています。その意味では「相互」ですらないかもしれません。この点に両者の違いがあります。そこで，支援手順と人のありよう，ひいては技法と人の生が一体であるという認識論に関して，一つの例を挙げたいと思います。

千代鶴是秀と大工道具

　ここで示すのは，千代鶴是秀（以下，是秀とします）という人物についての

話です。

　刀工名家に生まれ，実用大工道具鍛冶として並ぶもののない名工であった是秀は，最も単純な構造を持つ刃物の一つである「切出小刀」を複数作成しています（土田，2017）。切出小刀と言われても馴染みがないかもしれませんので，ひとまずここでは，シンプルなナイフのようなもの，と捉えていただければと思います。

　自身も熟練の技術者である土田昇は，是秀が作った切出小刀を手入れのために砥ぐと，その感触が感動を覚えるほど絶妙であること，「是秀が制作したもののうちに隠されている技術の核を氷解し，味わいうる者が，是秀が生涯をかけて，たゆまずなした研究と目論見の意味を理解することができ，それをささえた是秀の核心の質もおしはかることができる」（土田，2017, p.290）と述べました。つまり，土田は，是秀の切出小刀を砥ぐことで，是秀の技術だけでなく，その技術に込められた是秀自身，すなわち「生」そのものに出会っていると言えます。

　技術とは，道具や作品を生み出すもの，生活の糧を得るもの，クリエイティブな営みを支えるものです。しかし，それだけにおさまりきるものではありません。その技術を生み出した人の「生」が織り込まれています。それは，技術が表層にあり，人のありようや生が深層にある，という「空間的メタファー」による二分法を拒絶するものです。そして，そのことを誰よりも理解していたのは，名工是秀その人でした。

　是秀は，「実用」大工道具鍛冶でした。実用大工道具は，その名の通り，使用される過程で，砥ぎ，縮められ，消えていくことが宿命づけられたものです（土田，2020）。それはそうです。大工道具と職人によって作られる「建築物」が注目されることはあっても，作るための道具にスポットライトが当たることはまずありません。私たちが建築現場を通った時，何ができるのだろう，とは考えますが，どんな道具を使っているのかな，とはあまり考えません。職人と言えど，大工道具が使えなくなったところで，再度買い直せばよい，と思うことが一般的でしょう。

　しかし，是秀は，それら実用大工道具を，単にちびてゆき，消費され，消えていく物（技術）として見なすことはありませんでした。事実，是秀は，過去の「大工道具の制作者」自身に関する調査を，生涯にわたって続けていました

（土田，2020）。これは非常に不思議なことです。すでに名工の名高い，卓越した技術を持つ是秀が，なぜそのようなことを続けたのでしょうか。是秀のそうした営為を，土田は次のように表現しています。

　「もはや命つきようとしているちびた資料から，なぜそれが道具たりえ，何が道具たらしめていたのかを読みとり，自らの製作品に転生させます。一回きりの道具の命たる大工道具が，連携し連鎖し，あわれのバトンを受け渡します」（土田，2020, p.217）。

　あわれのバトンとは，大工道具であり，道具制作者の生涯，いのちそのものです。そこに，技法と人の生を分かつ線はありません。より正確に言えば，分けることができようもないものです。大工道具は，道具製作者の生涯そのものである。道具が消えることは，道具の「系譜」が消えることであり，なにより道具製作者の「生涯」が消えることである。そのことを誰よりも理解していたがゆえに，是秀は調査を続け，その技法と人の生を，自らに転生させようとしたのでしょう。

　土田は，すでに他界した職人から受け継いだ昔ながらの技術を「死者より引き継いだ仕事」（土田，2020, p.227）と表現しましたが，対人援助の技法について考えると，まずクライエントの生が，そして時には死が織り込まれています。そして，支援者の生と死もまた織り込まれています。本事例で示した手放す支援も例外ではありません。

　この，技法とセラピストのありよう，技と人が一如であるという理解こそ，主体的治療契約以前の地平で行われる手放す支援を，暴力抑止の技術体系から，人と人とが今生で出会う臨床心理学的営為へと「変容」（あるいは接続）させうる鍵なのです。そのように言われたとしてもまだわかりにくい部分があると思いますので，この点については，あらためて後述したいと思います。

砥ぎのエピソードが教えてくれるもの

　前述の「砥ぎ」のエピソード，そして是秀の営為は，技法と人の生が不可分であることだけを教えてくれるものではありません。手放す支援におけるクラ

イエントとセラピスト，スーパーヴァイザーとセラピスト，こうした関係性についても多くの示唆を与えてくれます。すなわち，そのいずれにおいても，対象に隠されているものの核を読み取る必要があること，砥ぎすぎれば文字通り元も子もなくなること，確かで細やかな砥ぎの技術が本質を引き出すこと，「あわれのバトン」を受け渡すこと。そうした示唆です。

　また，人の場合は，砥石と刃物のように，片方が砥ぎ，片方が砥がれるものではなく，相互に砥がれ，変容するものでもあります。とりわけ，手放す支援においては，セラピストがクライエントを支援する，という一方向ではありません。事例Bからもわかるように，その出会いによりセラピスト自身も否応なく影響を受け，セラピスト自身が変わり，その影響と変化を含み込んだ形でセラピストが手放す支援の場を生きること（体験を重ねていくこと）になります。

　皆藤（2018）は「『出会いを生き，出会いの責任を果たす』とは，出会った『縁』を自身の人生のなかに活かしていくプロセス」（皆藤，2018, p.17）であると述べました。これは，一者から二者，個人から間主観，という人の独立性を前提とした関係性とは質を違えています。独立した外的な関係，すなわち「我と汝」を前提とした二者ではなく，同じ時代に生を受け，縁あって出会い，重なり合いを含意する「我々」という共属的関係における二者，を前提としています。この前提においては，クライエントであれ，セラピストであれ，蓮の花の根がつながっているかのごとく，それぞれの生が分かちがたく結びついており，それゆえ相互に影響を及ぼし合う。そのように思います。

　この「クライエントとセラピストの分かちがたさ」を象徴する語りが，藤田（2018）による論考です。藤田は，自らが施設入所を経験する中で信頼できる児相職員と出会い，出会いの中で自らの生を引き受け，藤田自身も児相職員となっていった過程について語ってくれています。この「語り」からは，支援するものとされるものが，文字通り「分かつことができない」こと，縁あって出会い，同時代を共に生きるありようを象徴的な形で教えてくれています。

　さて，ここまで，手放す支援をメタ的に検討することによって，支援手順（技法）とセラピストのありよう（人）が一如であることを論じました。また，一如であるという理解は，これまでの臨床心理学が立脚する認識論とは異なっていることがわかりました。では，この違いはどこから来るものでしょうか。

文化的背景の違いの影響

　非常に荒っぽい言い方でまとめるならば，手放す支援とこれまでの臨床心理学の認識論の違いは「文化的背景」の違いから来るものです。要するに，文化が異なるから認識が異なる，というわけです。

　実際，心理療法の多くは米国を中心に生まれたものである一方，本書の手放す支援は，日本の児相の支援から考えられたローカルなものです。その文化的背景の違いの影響は，想像よりも大きなものです。認知行動療法，精神力動的心理療法，来談者中心療法など，今日世界中で行われている心理療法は「西洋の文化的伝統を反映した人間性についての前提を具現化したものであるが，そうした前提は他の文化的背景をもつ人の世界観と調和しない可能性がある」（Cooper & McLeod, 2011/2015, p.27）という指摘があります。また，プロトコルが比較的明確なトラウマ治療でさえ，文化への感受性が治療の成否を分け，文化的背景により治療法を変更する必要があると言われています（Schnyder et al., 2015）。これらはいずれも文化的背景の違いに注意を払う大切さを教えてくれています。

　では，具体的にはどのように違うのでしょうか。文化的背景の違いを考える視点は複数ありますが，中でもとりわけ包括的な視座を提供してくれるのはトマス・カスリス（Kasulis, T.）の論考です。本書では，まず議論の土台としてカスリスの論考を紹介した上で，検討を進めていきます。

　なお，文化について考えることで，議論の抽象度は高まりますが，その目的はあくまで「暴力を手放す臨床心理学的支援とはどのような営為か」という問いに迫ることです。その問いに，にじり寄るためのメタ的な考察と位置づけていただければと思います。

インティマシーとインテグリティー

　カスリスは日本哲学の研究者であり，哲学者です。カスリス（Kasulis, 2002/2016）は，文化的差異について，インティマシー（intimacy）とインテグリティー（integrity）という二項概念を用いて，広範かつ包括的に論じています。その違いの一例を示したものが表1です。

表1　インティマシーとインテグリティーの対比的特徴の一例

項　目	インティマシー	インテグリティー
意　味	親密性	損なわれていない，完全な状態
地　域	東アジア	欧米
関　係	共属（内的な関係）	独立（外的な関係）

※表のまとめは筆者によるもの

　大まかに言えば，インティマシーは親密性を表す言葉，反対にインテグリティーは，損なわれておらず，独立独歩の完全な状態を表す言葉ですが，高潔や無欠といったことを意味する場合もあります（すっきりとした日本語に翻訳することが難しい言葉かと思います）。

　カスリス（2002/2016）によれば，日本を含む東アジアはインティマシー指向的な文化であり，自他を明確に区別しないような一体的なあり方を特徴としています。一方，米国は代表的なインテグリティー指向的な文化であり，自他は明確に区別されています。日本では，重なり合う内的な関係を前提としている一方，米国においては，各々の自律性を損なわない外的な（重なり合わない）関係を前提としています。共属性の文化と独立性の文化，と言えるかもしれません。なお，カスリス（2002/2016）自身の論考は精緻かつ広範であり，単純な国民文化（日本と米国等）の比較をしているわけではありません。ただし，本書ではあくまで手放す支援についてメタ的に検討することを目的としているため，まずは大まかにイメージを掴むことを優先したいと思います。

　以下に，カスリス（2002/2016）による図を示します（図1）。図を見ると，重なりの中に（内的に）関係（Relation：R）があるインティマシーの関係性と，対象の外部に（外的に）関係（R）が存在するインテグリティーの関係性の違いが端的に示されています。

　このインティマシーとインテグリティーの違いが，手放す支援の認識論と（欧米を中心とする）心理療法・臨床心理学の認識論の違いの背景にあります。やや図式的すぎるかもしれませんが，「インティマシー＝共属（内的関係）＝手放す支援＝技法と人は一如」，「インテグリティー＝独立（外的関係）＝心理療法＝技法と人は別個」という対比になります。

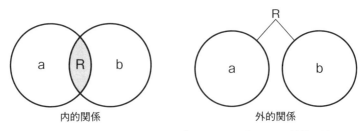

図1　インティマシーとインテグリティーにおける関係性の違い
（Kasulis, 2002/2016, p.89）

「情理の臨床」としての手放す支援

　さて，認識論の違いは明らかになりました。この視点から言えば，暴力を手放す臨床心理学的支援は「技法と人のありようがインティミット（intimate）な支援である」と表現できます。しかし，痒いところに手が届きそうで，届いていない感じがします。それは当然のことで，インティミットな支援という言い方そのものが，「インティマシーとインテグリティー」というインテグラル（integral）な言葉（認識）に基づいた表現であり，インティミットな文化圏の言葉で表現されていないためです。もちろん，技法と人のありようが一如である（元々一つのもの），という表現でも問題はありませんが（実際，ここまではそのように表現してきたわけです），できれば一如のニュアンスを保った，より具体性が高く，かつ端的な表現を見つけ出していきたいところです。

　この点について，カスリス自身も，どちらかの文化の中でしか人は考えることができないと述べています（Kasulis, 2002/2016）。この「文化」は，思考の枠組みであり，端的に言えば「言語」です。したがって，手放す支援を「インティマシーとインテグリティー」とは異なる枠組みで，より具体的に言うならば，英語ではなく「漢語」（インティマシー指向的な文化圏の言葉）を用いて表現する必要があります。では，手放す支援は，漢語でどのように表すことができるでしょうか。

　まず，暴力を手放すための，支援手順，法的根拠，倫理といったものは，いずれも「理」（ことわり）に与するものです。一方，暴力を振るう人の心情や

生を想像し，慮る行為は，いずれも「情」（こころ）に与するものです。この「理」と「情」の二つが，二項対立するものとしてではなく，最初から一体として存在するありようを，漢語では「情理」（じょうり）と表現します。すなわち，「情理」というありようこそ，暴力を手放す臨床心理学的支援を端的に示す言葉です。つまり，**暴力を手放す臨床心理学的支援とは「情理の臨床」である**。そのように言えます。

　情理とは，文字通り「人情と道理」（白川，1996）を意味します。そして，この両者が一体となって存在するありようです。なお，この「情理」という心性は，日本に限ったものではありません。現代中国語においても，情理にかなうことを意味する「合情合理」，そして情理を尽くすことを意味する「尽情尽理」という言葉が存在しています（杉本・牧田編，2010）。

　この情と理は「統合」されうるような，すなわちインテグラルな独立別個の存在ではありません。英語において情理は，「Sentiment and Reason」と，「and」で結ばれうる別個のものとして表現されますが，情理の場合，はじめから片方が片方の一部として全体を成す「陰陽太極図」のように成り立っているものです。

　ここでさらに話を広げて（脱線気味でさえありますが），この陰陽の視点から，情理についてさらにイメージを膨らませてみます。もし理解しにくい場合は，そういう考えもあるんだな，といったん読み飛ばしていただければと思います。

　さて，その陰陽ですが，陰は実質であり，陽を支える一方で，陽は機能であり，陰を導くもの，と言われています（神田橋，2019）。そして，陰陽は，双方向のフィードバックの中で，絶えず揺らぎながら安定しています（神田橋，2010）。この陰陽の性質と関係は，情理の性質と関係そのものです。ここでもラフに描くならば，「陰＝実質＝支える＝情＝セラピストのありよう（人の生）」「陽＝機能＝導く＝理＝支援手順（技法）」となります。これらが，一如として，揺らぎながら安定しているのが陰陽であり，情理です。

　ここまでお読みになって「これは，統合的な心理療法と変わらないのではないか」と思われるかもしれません。確かに暴力によらない共通した支援手順を描こうと試みている点，複数の技法を集積している点では統合的な心理療法と重なります（同じ部分です）。しかし，最大の違いは，ここでも前提となる認識論です。統合的な心理療法は，その名の通り，インテグラルな心理療法であ

り，当然ながらインテグリティー指向的なものです。すなわち，独立別個であることを——それが理論同士であれ，技法とセラピストのありようであれ——前提とした上で，それらをバランスよく結びつける，あるいは共通要素を抽出する，という認識論に立脚しています。一方で，「情理の臨床」では，情も理も，さらには理と理でさえ，独立別個の存在ではなく，一如であるという認識論に依拠しています。

情理の臨床が，臨床心理学と実践の場にもたらすもの

　では，この情理の臨床という視座が，臨床心理学とその先にある実践の場に何をもたらすのでしょうか。

　現在の臨床心理学において，国内外を問わず，暴力へのアプローチについては，大きく二種の流れが存在します。一つは，トラウマから暴力に迫る方向性です。外傷やかつての被暴力体験を治療対象と考え，外傷治療の「結果」として暴力に変化がもたらされる，言わば間接的アプローチです。もう一つは，暴力の再発防止にフォーカスを当てて支援を進める方向性，すなわち心理教育や認知行動療法を中心として，暴力を変化させようとする，直接的アプローチです。このことは，臨床心理学という学問が，トラウマの治療を通じての間接的な暴力の変化，もしくは暴力に焦点を絞った支援の二種を供給していることを意味します。

　一方で，「情理の臨床」は，暴力を直接取り扱う方法論によって暴力を手放すことに迫るものでした。加えて，支援を進める「セラピストのありよう」を切り離せないものとして同時的に議論することにより，暴力という「行動」を手放す営為を通じて「こころのケア」も取り扱う可能性を眼差すものです。

　この試みは，単に暴力にかかわる臨床心理学の二種の流れを一つにするだけではありません。「こころのケアから行動の変化に迫る」「行動の変化からこころのケアに迫る」という臨床心理学において二項対立するパラダイムに対し，**「行動の変化であり，こころのケアである」**（これもまた一如です）という"別の可能性"を示す営為，すなわち「脱構築」となっています。脱構築はジャック・デリダ（Jacques Derrida）の言葉で**「価値に序列づけられた二項対立とは"別の関係の可能性"を開こうとすること」**です（高橋，2015）。その意味で，

「情理の臨床」は臨床心理学における別の可能性を開こうとするものと言えます。さらにこれは，児童福祉領域という周辺知（領域知）から臨床心理学という中央知（学問知）に，多元的な知のありかたを迫るものでもあります。周辺知と中央知という臨床心理学における知の認識そのものも脱構築しうるかもしれません（つまり，中央と周辺という中心を持つというあり方から，中心を持たない多元的なあり方への変化）。

　続いて，実践の場にもたらすものを考えてみます。この「情理」という視座は，これまで支援が届きえなかった，主体的治療契約以前において暴力を振るうクライエントに「臨床心理学の英知」を届ける可能性をもたらします。つまり，支援が望まれない現場で臨床心理学の「知」を生かすことができる，ということです。それは暴力に限らず，支援を求めない，支援に反発するクライエントにも臨床心理学的支援を届ける可能性も生み出すことになります。その意味で，情理という視座が現場と臨床心理学との間を「架橋する」（接続する）とも言えます。加えて，情理という視座は，従来の心理療法とは異なる前提条件において，従来の心理療法の枠組みや方法論を闇雲に当てはめたり，反対に「これは自分の役割ではない」と支援自体を避けるセラピストの動きに留保と再考を促すものです。

　さらに話を広げれば，臨床心理学と近接する領域にも影響を与える可能性もあります。例えば，情理の臨床における支援手順は，ケースワーク（社会福祉学）の方法論と重なる部分があります。しかし，セラピストのありようが精緻に言及されている点，支援手順とセラピストのありようが一如であるという認識においてケースワークとは異なります。その意味で，支援手順がケースワークにおける共通言語として機能しつつ，同時に精緻なセラピストのありようという新たな視点をもたらし，ケースワークにおける地平をさらに広げる可能性もあるのです。

「情理」と名づける意義——これまでの心理療法との違い

　ここで再び話を心理療法に戻したいと思います。「暴力を手放す試みをしながら，こころを想う。それを情理の臨床と呼ぶ。……言いたいことはわかるが，やはり釈然としない。これまでも心理療法の中で同じようなことはやっている

わけで，わざわざ"情理"と名づける必要があるのだろうか」と思われる方も
おられるでしょう。筆者自身，本書を読者の立場として初めて目にすれば，そ
のように感じていたかもしれません。そこで，この疑問について，さらに考え
てみたいと思います。

　確かに，先行研究で見てきたように，これまでの心理療法においても，暴力
を手放すことは試みられてきました。そのいずれもが真摯かつ大切な取り組み
でした。そして，第7章で見たように，手放す支援はジェネリックな心理療法
を出発点としています。この共通点を踏まえた上で，従来の心理療法との違い
を比較的に述べるならば，主体的治療契約が結ばれた後に，その治療構造の維
持，あるいは行動変容や内面探求を目的として行われるものが，従来の心理療
法（臨床心理学）における暴力を手放す試み（暴力とのかかわり）です。一方，
主体的治療契約以前に行われる，よりリーガルな営みが「情理の臨床」として
析出したものです。それは，主体的な治療契約が結ばれることを期待すべくも
ない地平において，暴力を手放すことを試みるものです。主体的治療契約に基
づく心理療法のスタートを切るために行われるもの，とさえ言えるかもしれま
せん。

　児童虐待通告を例にすると，両者の違いが際立ちます。例えば，医療機関や
大学相談室など，主体的な治療契約に基づく心理療法を行っているセラピスト
が深刻な児童虐待を発見したとします。通告をするのは，医療機関や大学相談
室で心理療法を行っているセラピストです。そして，虐待通告を受理して対応
するセラピストが行うことこそ，本書で論じてきた手放す支援です。それは，
主体的治療契約に基づいた心理療法では暴力を手放すことが難しい，という判
断がなされた後で，なお手放す支援が求められている状況です。この時間的前
後関係が極めて重要になります。当然，その対応を担うセラピストは，クライ
エントが「希望しない」文脈で，暴力を手放す支援を試みることになります。
同じ「暴力を手放す」という言葉であっても，その前提は異なっています。

　極端な例にはなりますが，警察官がいてもなお，暴力を振るおうとする児童
や保護者とかかわる時には，晴れ渡る日に満開の花の中を連れ立って軽やかに
歩むような営みにも，静かな空間の中でたゆたいながらかかわり続ける営み
にもなりません。否応なく剥き出しの暴力の円環に巻き込まれ，暴力を振るわ
れ，暴力を振るいかねない，暗く深いぬかるみの中を，かすかな星ほどの明か

りを求めて，クライエントと共に一歩ずつ進む切迫した営みになります。

　かつてダンテ（Dante, A.）は「神曲」の中で地獄から歩み出る情景を「私たちはそこから外に出て，再び星々を仰ぎ見た」（1975/2011, p.261）と表現しました。クライエントとセラピストが共に暴力の円環から抜け出る営為もまた同様です。このリーガルな圧力が強烈にクライエントとセラピストにのしかかる状況においてさえ，暴力を手放す試みをしつつ，こころを働かせ，揺らぐこころを維持し，生きるを想う。そして，その出会いをクライエントとセラピストが生きる。それが「情理の臨床」と表現した，暴力を手放す臨床心理学的支援です。

本書のまとめ

　最後までお読みいただき，本当にありがとうございました。冒頭でポイントを絞ると言いながら，結局盛りだくさんになってしまいました。そこで，整理も兼ねて，本書のまとめをしてから終わりたいと思います。まず本書は，暴力を手放す支援の困難に触れることから始めて，暴力の定義，人類史，生物・心理・社会的要因，支援実践を一望的に概観しました。壮大な振り返りであり，筆者自身，本書は学問という壮大な流れの「一粒」なんだ，ということをあらためて実感しました。

　この概観から，本書では手放す支援を四つの支援手順とセラピストのありようにまとめました。本書では星座のメタファーを用いましたが，まさに先達が残した満天の輝く星の中から支援の要素を見い出し，仮固定しました。この仮固定した支援を検討したところ，手放す支援は，ジェネリック（汎用的・支持的）な心理療法を出発点として，暴力を手放すことに先鋭化（特化）したものとして位置づけられることがわかりました。

　加えて，支援手順のうち，個別支援と環境へのアプローチについては，暴力の機能を推定することの大切さだけでなくパラメトリックな性質（複数の変数の中で，動かしやすい部分から動かしていく）を持つことも明らかにしました。また，クライエントが禁忌を快と感じるような倒錯的傾向や精神病質的傾向を持つ場合，手放す支援の適用は不適切であるという，支援の限界についても触れています。

　一方，暴力を手放すという営為が，単なる暴力抑止となるのか，手放す支援となるのか，その分水嶺（分かれ道）となるのは，生きるを想うありようでした。しかもこれは，心理療法下（主体的治療契約後）での営みではなく，法的要請下（主体的治療契約前）の望まれない出会いの中で，暴力を手放す手順と共に行われる「生きるを想う」であり，セラピスト自身もまたその出会いを生きるものでした。その意味では，「生きるを想い，出会いを生きる」ありよう，と言えます。それは一面では，セラピスト自身が影響を受け，変化することを受け入れる立場でもあります。

　こうした論考をさらにメタ的に考察した結果，支援手順とセラピストのありようは独立別個ではなく一如であること，それを一言で表現したものが「情理」であったわけです。そして，「情理の臨床」と名づけた。この「情理」という視座は，一如であることの表現でありながら，暴力という深い森から抜け出るための“方角”を指し示すコンパスでもあります。加えて，この視座は，臨床心理学の二項対立を脱構築し，学問の多元化を求めるものでもありました。ここまでが，本書のまとめとなります。

　最後に，一点だけ大切な補足をしたいと思います。この情理の臨床は，「出会いの時間の総量」という側面から見れば，セラピストは，短期間，クライエントの「生」にかかわることができるにすぎません。とりわけ，介入役割を持つ場合はその傾向が顕著となります（事例Bを見れば明らかです）。しかし，時間の短さが出会いの重みを希釈するわけではありません。かつて村上英治が「出会いは新鮮に，かかわりは深からんことを」（村上，1992, p.151）と述べたのは，出会いやかかわりが短いほど，あるいは出会い方によって，どこか人と会うことが「なおざり」になる，そのような「人の性<ruby>性<rt>さが</rt></ruby>」を見抜いていたからでしょう。

　かつて，神田橋（1994）は，面接の本質は二人の人間の出会いであることを示唆し，河合（1970）もまた，クライエントの変化以前に，出会いの中で，セラピスト自身がどのように生きるかが厳しく問われることを指摘しました。手放す支援を通じた短期間のかかわりであれ，支援自体が成立しにくいような出会いであれ，その本質においては，時を同じくして限られた中で出会い，生きる，人と人との「生」が交流するありようそのものです。

　ただし，暴力や手放す支援の性質，支援が行われるフィールドの特徴ゆえ

に，上記のような本質は見失われやすい。そのため，手放す支援の核を情理として析出し，その視座を備えることではじめて，支援の場で，先達が大切にしてきたありようが体現される可能性が高まる。言いかえれば，情理の臨床として手放す支援を再定義することで，主体的治療契約以前の支援の場においても，心理臨床の本質を見失わずにすむだけでなく，臨床心理学の新たな可能性も見えるかもしれない。これらを踏まえた時，情理の臨床として，暴力を手放す支援を表現することの意味が，ささやかながらあるだろう。そのように考えています。

おわりに

　さて，本書では手放す支援を，支援手順とセラピストのありようを一体的な形で可視化しました。そして，その要諦を情理の臨床として析出したわけです。法的・社会的要請下という，主体的治療契約以前のフィールドにおいて，暴力を手放すという法と倫理にかなった「道理」を，情（こころ）を持ち，相手のこころや人生を想像しつつ，文字通り「情理を尽くして」行う。あらためて眺めると，当たり前の，平凡にすら感じる支援に帰結することになりました。しかし，「最も単純な真実が最も深くもある」（Symington, 1986/2006, p.9）という示唆を踏まえた時，本書の結論にわずかに安堵を感じています。

　情理の臨床という視座は，本書にとってはひとまずの終着地であると同時に，新たな支援の出発地です。千葉（2022）が指摘したように仮固定的な状態とその脱構築は，繰り返されていくような，運動的・プロセス的な側面があります。情理の臨床もまた，仮固定的なものです。しかし，それは日々の支援実践の中にこそ，さらに「別の可能性」が見出され，開かれていくという事実の瑞相（よろこばしいことの前触れ）でもあるのです。今後，支援実践が積み重なり，セラピストと出会うクライエントが暴力を手放し，その人らしい生に踏み出していけるように祈りつつ，本書を閉じたいと思います。

あとがき

　本書は，京都大学大学院教育学研究科に提出された博士論文を大幅に改稿したものです。博士論文の執筆，本書の出版は，多くの方のお力添えなくしては叶いませんでした。まず，学位論文の主査と副査をお務め頂きました，京都大学大学院教育学研究科の髙橋靖恵先生，西見奈子先生，松下姫歌先生に御礼申し上げます。

　髙橋先生には，論文執筆はもちろんのこと，大学院入学から修了まで，全期間にわたってご指導賜り，博士論文の主査をお務め頂きました。臨床心理学の学統に児童福祉領域の知見を位置づけたいという長年の想いは，先生の慧眼により，はじめて形となりました。現場での実践を大切にしてくださる先生の温かさ，私の拙い思考を導いてくださる透徹した論理と議論，先生ご自身が学ばれ続ける姿に導かれ，人生で最も豊かな時の一つを過ごすことができました。それは今もなお，続いています。心から感謝申し上げます。

　副査をお務め頂いた西先生には，論文執筆に際して，幾度となく背中を押して頂きました。先生のご助言や励ましがなければ，論文執筆を粘り強く続けることは難しかったように思います。穏やかな語り口と共に，明哲で豊饒な事例理解を拝聴するたび，西先生を通じて精神分析の凄みと優しさを感じることができました。同じく副査をお務め頂いた松下先生のご指導を通じて，京都大学の心理臨床が脈々と受け継ぎ，そして先生ご自身が大切にされておられる「人という存在への深い畏敬」の一端に触れさせて頂いたような気持ちです。改めて御礼申し上げます。

　皆藤章先生にも，この場をお借りして御礼申し上げたいと思います。先生との出会いがなければ，京都大学に進学することはおそらくありませんでした。先生からは，心理臨床における「生きる」ということ，また私が自らのテーマ

を生きる意義を教わりました。講義室，研究室，会食の席でさえ，先生はいつも私を人として大切にしてくださっていました。先生から頂いた静謐な言葉と眼差しと佇まいが，本書の基調となっています。本当にありがとうございます。

　また，岡野憲一郎先生にも御礼申し上げます。先生は，一方的に押し掛けた私の願いを寛容にお引き受けいただき，博士論文に多くのコメントをくださいました。また，臨床家としての高いご見識とあり方に，今も学ばせていただいております。そして，序文を頂戴しました田嶌誠一先生には，10年にわたり，論文執筆と臨床実践について励ましを頂きました。先生がいなければ，暴力という視点から，自分自身の仕事についてまとめることは到底できませんでした。また，先生にご紹介いただくことがなければ，本書は出版という形で日の目を見ることもありませんでした。本当にありがとうございました。

　長年の師である神田橋條治先生は，臨床とはどういうものか，先生の存在全体で教えてくださっています。先生から「書いたものが目の前の患者の利益になるのかねえ」と，いつもの笑顔と共に頂くであろう匕首のような問いを傍らに置いて博士論文と本書を書きました。先生，いつもありがとうございます。

　出版に際しては，金剛出版社長の立石正信様，ご担当いただきました弓手正樹様には大変お世話になりました。遅々として執筆の進まない私を，優しく見守っていただいたこと，また，児童福祉領域における暴力というマイナーな領域に関する出版をお許しいただいたこと，あらためて感謝申し上げます。

　最後になりますが，本書は，児童相談所，児童福祉施設の現場が生み，育んでくれたものです。私は単に「依り代」の役割を果たしたに過ぎません。これまで，多くの仲間が，全国で児童福祉領域を支え，離れていきました。多層的な課題を抱える現場にもかかわらず，今日も昼夜問わず，身を削って児童福祉の現場を支えてくれています。これまで児童福祉にかかわった方，今も支えてくれている方，新たに加わる方。そのすべての方に，敬意と感謝を伝えたいと思います。そして，今この時も苦しさと孤独の中を生きる子と親が，安全で，「やすらぎとつながり」を感じる夜と朝を迎えることができるようになることが，なによりの願いです。

文　　献

はじめに

Lévi-Strauss, C.（1962）. *La Pensée sauvage*. Paris: Librairie Plon. 大橋保夫（訳）(1976). 野生の思考. みすず書房.

第 1 章

饗庭千代子（2008）. ヘシオドスに現在を読む――暴力・争い・正義・ジェンダー. 上村くにこ（編）. 暴力の発生と連鎖. 人文書院, pp.202-227.

Arendt, H.（1972）. *Crises of the republic: lying in politics, civil disobedience, on violence, thoughts on politics and revolution*. San Diego: Harcourt Brace Jovanovich. 山田正行（訳）(2000). 暴力について：共和国の危機. みすず書房.

千葉雅也（2020）. 勉強の哲学――来たるべきバカのために　増補版. 文藝春秋.

林潔（1999）. クライエント. 中島義明・安藤清志・子安増生・坂野雄二・繁桝算男・立花政夫・箱田裕司（編）. 心理学辞典. 有斐閣, p.202.

衣斐哲臣（2019）. 児童相談所の現在 – 改革と課題. 家族療法研究, 36（2）, 198-202.

門本泉（2019）. 加害者臨床を学ぶ――司法・犯罪心理学現場の実践ノート. 金剛出版.

皆藤章（1998）. 生きる心理療法と教育――臨床教育学の視座から. 誠信書房.

川﨑二三彦・竹中哲夫・藤井常文・石田公一・鈴木崇之・小出太美夫・相澤林太郎（2013）. 平成 22・23 年度研究報告書　児童相談所のあり方に関する研究 – 児童相談所に関する歴史年表. 子どもの虹情報研修センター.

厚生労働省（2019）. 令和元年度全国児童福祉主管課長・児童相談所長会議資料（令和元年 8 月 1 日）. https://www.mhlw.go.jp/stf/seisakunitsuite/bunya/000019801_00006.html（2020 年 8 月 9 日取得）.

厚生労働省（2020）. 児童相談所運営指針（令和 2 年 3 月 31 日）. 厚生労働省.

小林直樹（2011）. 暴力の人間学的考察. 岩波書店.

Lannert, B.K., Garcia, A.M., Smagur, K.E., Yaich, M.M., Levendosky, A.A., Bogat, G.A., & Lonstein, J.S.（2014）. Relational trauma in the context of intimate partner. *Child Abuse & Neglect*, 38（12）, 1966-1975.

水野紀子（2010）. 児童虐待への法的対応と親権制限のあり方. 季刊社会保障研究, 45（4）, 361-372.

中井久夫（2004）．徴候・記憶・外傷．みすず書房．

中井久夫（2007）．こんなとき私はどうしてきたか．医学書院．

二宮直樹（2012）．児童相談所職員の危機的状況と育ち．子どもと福祉，5，37-41．

日本心理臨床学会（2015）．日本心理臨床学会第34回秋季大会　司会：富永良喜・海野千畝子　対談：西澤哲・田嶌誠一「児童養護施設で生活する子どもの支援をめぐって」2015年9月18日（金）https://ajcp.info/archive/34/taidan/34_taidan.pdf（2023年2月13日取得）．

Rousseau, J.J.（1964）．*Du contrat social.* Jean-Jacques Rousseau, Œuvres complètes,tome3 Pléiade. Paris: Gallimard. 中山元（訳）（2008）．社会契約論／ジュネーブ草稿．光文社．

佐々木大樹（2018a）．児童相談所における役割変遷と課題．京都大学大学院教育学研究科紀要，64，277-289．

佐々木大樹（2018b）．児童相談所心理職の実践と課題：文献レビューによる検討．コミュニティ心理学研究，21（2），136-152．

白川静（1996）．字通．平凡社．

田嶌誠一（2011）．児童福祉施設における暴力問題の理解と対応．金剛出版．

當眞千賀子（2016）．護り護られて生きる：「アタッチメント」の活かし方．教育と医学，64（11），62-71．

和田一郎（2019）．児童虐待防止政策の今後のゆくえ——データから検討する．https://choujintairiku.com/images/20191204_wada.pdf（2023年3月31日取得）

第2章

deMause, L.（1998）．The history of child abuse. *Journal of Psychohistory*, 25（3），216-236．

deMause, L.（2008）．The childhood origins of World War Ⅱ and the Holocaust. Journal of psychohistory, 36（1），2-35．

Diamond, J.（1997）．*Guns, germs, and steel: the fates of human societies.* New York: W.W.Norton & Company. 倉骨彰（訳）（2012）．銃・病原菌・鉄 上巻．草思社文庫．

古市剛史（2017）．ヒト科に見る殺しの進化．心理学ワールド，77，5-8．

Gómez, J.M., Verdú, M., González-Megias, A., & Méndez, M.（2016）．The phylogenetic roots of human lethal violence. *Nature*, 538, 233-242.

林直樹（2015）．概説：暴力の精神病理と精神療法．精神療法，41（1），8-14．

Heywood, C.（2001）．*A history of childhood: children and childhood in the west from medieval to modern times.* Cambridge: Polity.

岩田誠（2018）．仲間殺しの進化誌．精神療法，44（6），12-15．

Lischinsky, J.E., & Lin, D.（2020）．Neural mechanisms of aggression across species. *Nature Neuroscience*, 23（11），1317–1328. https://doi.org/10.1038/s41593-020-00715-2.

森山茂樹・中江和恵（2002）．日本子ども史．平凡社．

Nassiet, M.（2014）．La violence et la baisse de la violence en France du XVIe au XVIIIe siècle. 石井三記（監訳）嶋中博章・福田真希（共訳）．16世紀から18世紀フランスにおける暴力とその衰退．名古屋大學法政論集，253，99-122．

Pinker, S.（2011）．*The better angels of our nature: why violence has declined.* New York:

Viking. 幾島幸子・塩原通緒（訳）（2015）. 暴力の人類史　下巻. 青土社.

斉藤研一（2003）. 子どもの中世史. 吉川弘文館.

Sala, N., Arsuaga, J.L., Pantoja-Pérez, A., Pablos, A., Martínez, I., Quam, R.M., Gómez-Olivencia, A., Bermúdez de Castro, J.M., & Carbonell, E.（2015）. Lethal interpersonal violence in the middle Pleistocene. *Plos One*, 10（5）, e0126589. https://doi.org/10.1371/journal.pone.0126589.

Saladié, P., Huguet, R., Rodríguez-Hidalgo, A., Cáceres, I., Esteban-Nadal, M., Arsuaga, J.L., Bermúdez de Castro, J.M., & Carbonell, E.（2012）. Intergroup cannibalism in the European early Pleistocene: the range expansion and imbalance of power hypotheses. *Journal of Human Evolution*, 63（5）, 682-695.

白川静（2004）. 字統. 平凡社.

谷徹（2008）. 暴力論の基礎考察. 谷徹・今村仁司・マーティン・ジェイ他（著）. 暴力と人間存在. 筑摩書房, pp.17-69.

ten Bensel, R.W., Rheinberger, M.M., & Radbill, S.X.（1997）. Children in a world violence: the roots of child maltreatment. Helfer, M.E., Kempe, R.S., & Krugman, R.D.（Eds.）. The battered child 5th edition. Chicago: The University of Chicago Press. pp.3-28.

Timmermann, A., Yun, K.S., Raia, P., Ruan, J., Mondanaro, A., Zeller, E., Zollikofer, C., Ponce de León, M., Lemmon, D., Willeit, M., & Ganopolski, A.（2022）. Climate effects on archaic human habitats and species successions. *Nature*, 604（7906）, 495-501.

World Health Organization（2002）. *World report on violence and health: summary*. https://www.who.int/violence_injury_prevention/violence/world_report/en/（2023年2月13日取得）.

第3章

Azrin, N.H., Hutchinson, R.R., & Hake, D.F.（1966）. Extinction-induced aggression. *Journal of the Experimental Analysis of Behavior*, 9（3）, 191-204.

Bandura, A.（1973）. *Aggression: a social learning analysis*. New Jersey: Prentice-Hall.

Berkowitz, L.（1989）. Frustration-aggression hypothesis: examination and reformulation. *Psychological Bulletin*, 106, 59-73.

Caspi, A., McClay, J., Moffitt, T.E., Mill, J., Martin, J., Craig, I.W., Taylor, A., & Poulton, R.（2002）. Role of genotype in the cycle of violence in maltreated children. *Science*, 297, 851-854.

千葉雅也（2020）. 勉強の哲学──来たるべきバカのために　増補版. 文藝春秋.

Cohen, D., Nisbett, R.E., Bowdle, B., & Schwarz, N.（1996）. Insult, aggression, and the southern culture of honor: an "experimental ethnography". *Journal of Personality and Social Psychology*, 70, 945-960.

Centers for Disease Control and Prevention（2016）. *Preventing multiple forms of violence: a strategic vision for connecting the dots*. Atlanta, GA: Division of Violence Prevention, National Center for Injury Prevention and Control, Centers for Disease Control and

Prevention. https://www.cdc.gov/violenceprevention/pdf/strategic_vision.pdf（2023 年 2 月 13 日取得）

Dodge, K.A.（1980）. Social cognition and children's aggressive behavior. *Child Development*, 51（1）, 162-292.

Dollard, J., Doob, L., Miller, N.E., Mowrer, O.H., & Sears, R.R.（1939）. *Frustration and aggression*. New Haven: Yale University Press. 宇津木保（訳）（1959）. 欲求不満と暴力. 誠信書房.

Felitti, V.J., Anda, R.F., Nordenberg, D., Williamson, D.F., Spitz, A.M., Edwards, V., Koss, M.P. & Marks, J.S.（1998）. Relationship of childhood abuse and household dysfunction to many of the leading causes of death in adults: the adverse childhood experiences（ACE）study. *American Journal of Preventive Medicine*, 14（4）, 245-258.

Freud, S.（1923）. *Das Ich und das Es*. Freud,S. Gesammelte Werke, X Ⅲ. London: Imago Publishing. 竹田青嗣（編集）中山元（訳）（1996）. 自我論集. 筑摩書房. pp. 201-272.

Guo, G., Roettger, M.E., & Shih, J.C.（2007）. Contributions of the DAT1 and DRD2 genes to serious and violent delinquency among adolescents and young adults. *Human Genetics*, 121（1）, 125-136.

原田隆之（2019）. 犯罪心理学. 家裁調査官研究紀要, 26, 1-30.

Herman, J.（1992）. *Trauma and recovery*. New York: Basic Books. 中井久夫（訳）（1999）. 心的外傷と回復. みすず書房.

神田橋條治（2019）. 心身養生のコツ. 岩崎学術出版社.

Kardiner, A.（1947）. *War stress and neurotic illness*. New York: Paul B. Hoeber & Brothers. 中井久夫・加藤寛（共訳）（2004）. 戦争ストレスと神経症. みすず書房.

Klein, M.（1934）. On criminality. *British Journal of Medical Psychology*, 14（4）, 312-314.

Kleinman, A.（2006）. *What really matters: living a moral life amidst uncertainty and danger*. Oxford: Oxford University Press. 皆藤章（監訳）高橋洋（訳）（2011）. 八つの人生の物語――不確かで危険に満ちた時代を道徳的に生きるということ. 誠信書房.

Kohut, H.（1977）. *The restoration of the self*. New York: International Universities Press. 本城秀次・笠原嘉（監訳）（1995）. 自己の修復. みすず書房.

Kolla, N.J., & Vinette, S.A.（2017）. Monoamine Oxidase A in antisocial personality disorder and borderline personality disorder. *Current Behavioral Neuroscience Reports*, 4（1）, 41-48.

Moffitt, T.E.（2005）. The new look of behavioral genetics in developmental psychopathology: gene-environment interplay in antisocial behaviors. *Psychological Bulletin*, 131, 533-554.

中井久夫（2007）. こんなとき私はどうしてきたか. 医学書院.

Nelson, R.J., & Trainor, B.C.（2007）. Neural mechanisms of aggression. *Nature Reviews Neuroscience*, 8（7）, 536-546.

野坂祐子（2019）. トラウマインフォームドケア――“問題行動”を捉えなおす援助の視点. 日本評論社.

大渕憲一（2011）．新版 人を傷つける心：攻撃性の社会心理学．サイエンス社．

岡野憲一郎（2008）．虐待が脳に及ぼす影響．子どもの虹情報研修センター紀要，6，77-88.

岡野憲一郎（2014）．恥と「自己愛トラウマ」――あいまいな加害者が生む病理．岩崎学術出版社．

岡野憲一郎（2018）．精神分析新時代――トラウマ・解離・脳と「新無意識」から問い直す．岩崎学術出版社．

Paquette, V., Lévesque, J., Mensour, B., Leroux, J-M., Beaudoin, G., Bourgouin, P., & Beauregard, M.（2003）．"Change the mind and you change the brain"：effects of cognitive behavioral therapy on the neural correlates of spider phobia. *Neuroimage*, 18 (2)，401-408.

Pinker, S.（2011）．*The better angels of our nature: why violence has declined*. New York: Viking. 幾島幸子・塩原通緒（訳）（2015）．暴力の人類史　下巻．青土社．

Porges, S.W.（2018）．*The pocket guide to the polyvagal theory: the transformative power of feeling safe*. New York: W.W.Norton & Company. 花丘ちぐさ（訳）（2018）．ポリヴェーガル理論入門：心身に変革をおこす「安全」と「絆」．春秋社．

Raine, A.（2013）．*The anatomy of violence*. New York: Pantheon. 高橋洋（訳）（2015）．暴力の解剖学――神経犯罪学への招待．紀伊國屋書店．

Robjant, K., Koebach, A., Schmitt, S., Chibashimba, A., Carleial, S., & Elbert, T.（2019）．The treatment of posttraumatic stress symptoms and aggression in female former child soldiers using adapted narrative exposure therapy - a RCT in eastern democratic republic of Congo. *Behaviour Research and Therapy*, 123, 103482. https://doi.org/10.1016/j.brat.2019.103482.

Stahl, S.M.（2015）．Is impulsive violence an addiction?: the habit hypothesis. *CNS Spectrums*, 20 (3)，165-169.

田嶌誠一（2011）．児童福祉施設における暴力問題の理解と対応．金剛出版．

田中究（2016）．子ども虐待とケア．児童青年精神医学とその近接領域，57 (5)，705-718.

Thorsen, A.L., van den Heuvel, O.A., Hansen, B., & Kvale, G.（2015）．Neuroimaging of psychotherapy for obsessive-compulsive disorder: a systematic review. *Psychiatry Research*, 233 (3)，306-313.

友田明美（2013）．児童虐待と脳科学．児童青年精神医学とその近接領域，54 (3)，260-268.

友田明美（2016）．被虐待者の脳科学研究．児童青年精神医学とその近接領域，57 (5)，719-729.

友田明美（2017）．マルトリートメントに起因する愛着障害の脳科学的知見．精神神経学雑誌，119 (9)，621-627.

van der Kolk, B.（2014）．*The body keeps the score: brain, mind and body in healing of trauma*. New York: Viking. 柴田裕之（訳）（2016）．身体はトラウマを記録する――脳・心・体のつながりと回復のための手法．紀伊國屋書店．

Williams, A.H.（1998）．*Cruelty, violence, and murder: understanding the criminal mind*. London: Karnac Books.

Zillmann, D.（1979）．*Hostility and aggression*. Hillsdale, NJ: Lawrence Erlbaum Associates.

第4章

安藤久美子（2021）．わが国における性犯罪加害者治療の現状と行方．子どもの虐待とネグレクト，23（3），280-288.

Baker-Henningham, H., Scott, Y., Bowers, M., & Francis, T.（2019）．Evaluation of violence-prevention programme with Jamaican primary school teachers: a cluster randomised trial. *International Journal of Environmental Research and Public Health*, 16（15），2797. https://doi.org/10.3390/ijerph16152797.

Beck, A.T., Freeman, A., Davis, D.D., & Associates.（2004）．*Cognitive therapy of personality disorders 2ⁿᵈ edition*. New York: Guilford Press. 井上和臣・友竹正人（監訳）（2011）．改訂第2版　パーソナリティ障害の認知療法［全訳版］．岩崎学術出版社.

Bonta, J., & Andrews, D.A.（2017）．*The psychology of criminal conduct 6ᵗʰ edition*. New York: Routledge. 原田隆之（訳）（2018）．犯罪行動の心理学［原著第6版］．北大路書房.

Guggenbühl, A.（1993）．*Die unheimliche Faszination der Gewalt*. Zürich: Schweizer Spiegel Verlag. 安島智子（訳）（2005）．暴力の魔力．このはな児童学研究所.

原田謙（2018）．反抗挑戦症と素行症——特に冷淡で無感情な特性に焦点づけて．精神科治療学，33（8），935-941.

原田誠一（2008）．精神療法の工夫と楽しみ．金剛出版.

林直樹（2015）．暴力を振るう患者に対する精神療法——医療機関における治療．精神療法，41（1），19-24.

Henggeler, S.W., Schoenwald, S.K., Borduin, C.M., Rowland, M.D., & Cunningham, P.B.（1998）．*Multisystemic treatment of antisocial behavior in children and adolescents*. New York: Guilford Press. 吉川和男（監訳）（2008）．児童・青年の反社会的行動に対するマルチシステミックセラピー（MST）．星和書店.

堀健一（2007）．あゆみの丘「生活の構造化」——安心，安全の援助体系の構築 施設崩壊 再建 再生を通じて．心理治療と治療教育，18，150-162.

東豊（1991）．登校拒否・家庭内暴力の家族を中心に．家族療法研究，8（2），126-131.

平林直次（2013）．医療観察法病棟での取り組み．精神科治療学，28（10），1363-1368.

今村扶美・松本俊彦・浅波千尋・出村綾子・川地拓・山田美紗子・網干舞・平林直次（2013）．医療観察法における「内省プログラム」の開発と効果——待機期間を対照群とした介入前後の効果測定．精神科治療学，28（10），1369-1378.

今村洋子（2015）．官民協働刑務所における暴力的加害者に対する治療教育プログラム．精神療法，41（1），32-36.

狩野俊介・佐々木暢・佐々木美穂（2017）．児童自立支援施設に入所した発達障害児におけるクライシス・プランとセルフモニタリング・シートを作成して支援した一事例．子どもの虐待とネグレクト，19（2），246-256.

菊池安希子（2021）．精神障害のある加害者の理解と介入．子どもの虐待とネグレクト，23（3），274-279.

岸愛・柳谷博之（2009）．広汎性発達障害児の入所治療──小学 5 年生男子への対応と母親へのサポートを通して．心理治療と治療教育，20, 83-91.

近藤直司・広沢昇（2018）．暴力を伴うひきこもりケースに対する治療・支援．精神科治療学，33（8），953-958.

Linehan, M.M.（1993）. *Cognitive-behavioral treatment of borderline personality disorder.* New York: Guilford Press. 大野裕（監訳）（2007）．境界性パーソナリティ障害の弁証法的行動療法──DBT による BPD の治療．誠信書房.

益田啓裕（2010）．施設集団で暴力の起きない関係性はどうしたら作れるか？──心理職の視点から．心理治療と治療教育，21, 23-31.

増沢高（2001）．早期の心理的発達に障害を受けた子どもの入所治療──胎児のような O 君が少年に育つまで．心理臨床学研究，18（6），569-580.

Mihalic, S., Fagan, A., Irwin, K., Ballard, D., & Elliott, D.（2004）. *Blueprints for violence prevention.* Boulder: University of Colorado, Center for the study and prevention of violence.

中澤佳奈子・安藤久美子（2018）．性犯罪加害者・被害者のアセスメントと治療アプローチ．精神科治療学，33（8），965-969.

野口美幸・飯島啓太・野呂文行（2008）．攻撃的行動を示す特定不能の広汎性発達障害の児童に対する機能的アセスメントを用いた介入．行動療法研究，34（2），163-173.

佐々木大樹（2019）．児童福祉施設における暴力の防止と解決への実践の検討．京都大学大学院教育学研究科紀要，65, 81-93.

Sexton, T.L.（2011）. *Functional family therapy in clinical practice: an evidence-based treatment model for working with troubled adolescents.* New York: Routledge. 岡本吉生・生島浩（監訳）（2017）．機能的家族療法──対応困難な青少年とその家族へのエビデンスにもとづいた処遇．金剛出版.

下坂幸三（1999）．「家庭内暴力」に対する応急の対応について．家族療法研究，16（2），63-67.

田嶌誠一（2011）．児童福祉施設における暴力問題の理解と対応．金剛出版.

竹村洋子・杉山雅彦（2003）．通常学級において攻撃行動を示す児童への介入──児童の行動変化が教師の行動および児童とのかかわりに対する評価に及ぼす影響．行動療法研究，29（1），73-84.

渡辺俊之・舘哲朗（1990）．母親のうつ状態と長男の家庭内暴力が問題となった家族──システミックな家族療法．家族療法研究，7（2），139-146.

山根隆宏・中植満美子（2013）．性問題行動のある児童養護施設入所児への集団心理療法の効果．心理臨床学研究，31（4），651-662.

由井理亜子（2012）．つながることへの恐怖と期待──被虐待児との心理療法過程から．精神分析研究，56（3），314-319.

遊佐安一郎・宮城整・松野航大・井合真海子・片山皓絵・成瀬麻夕（2019）．感情調節困難の家族心理教育──境界性パーソナリティ障害，神経発達障害，摂食障害，物質関連障害，双極性障害などで感情調節が困難な人の家族のために．精神神経学雑誌，121（2），

131-137.

第5章

Barlow, J.（2015）. Preventing child maltreatment and youth violence using parent training and home-visiting programmes. Donnelly, P.D., & Ward, C.L.（Eds.）. *Oxford textbook of violence prevention: epidemiology, evidence, and policy*. Oxford: Oxford University Press. pp.133-139.

Durrant, J.E.（2019）. Positive Discipline in Everyday Parenting（PDEP）. Gershoff, E.T., & Lee, S.J.（Eds.）. Ending the physical punishment of children: a guide for clinicians and practitioners. Washington DC : *American Psychological Association,* pp.89-97.

Fortson, B.L., Klevens, J., Merrick, M.T., Gilbert, L.K., & Alexander, S.（2016）. Preventing child abuse and neglect: a technical package for policy, norm, and programmatic activities. Atlanta, GA: National Center for Injury Prevention and Control, Centers for Disease Control and Prevention.

Grube, W.A., & Liming, K.W.（2018）. Attachment and biobehavioral catch-up: a systematic review. *Infant Mental Health Journal*, 39（6）, 656-673.

衣斐哲臣（1997）. 児童相談所における家族療法的介入の一モデル——体罰習慣がある家族に対する助言指導と保母・教師へのコンサルテーション. 家族療法研究, 14（2）, 104-111.

加藤則子（研究代表者）（2014a）. 児童相談所における保護者支援のためのプログラム活用ハンドブック.

加藤則子（2014b）. プログラム名：精研式ペアレントトレーニング. 加藤則子（研究代表者）. 児童相談所における保護者支援のためのプログラム活用ハンドブック. pp.62-66.

金シャンディ（2018）. 家庭内暴力——加害者も救う法とプログラム. 大阪大学出版会.

北川恵（2013）. アタッチメント理論に基づく親子関係支援の基礎と臨床の橋渡し. 発達心理学研究, 24（4）, 439-448.

Kolko, D.J., Iselin, A.M., & Gully, K.J.（2011）. Evaluation of the sustainability and clinical outcome of Alternatives for Families: A Cognitive-Behavioral Therapy（AF-CBT）in a child protection center. *Child Abuse & Neglect*, 35, 105-116.

前田研史（1993）. 被虐待児と虐待する親の病理と治療. 心理臨床学研究, 10（3）, 40-52.

Mason, W.A., Fleming, C.B., Ringle, J.L., Thompson, R.W., Haggerty, K.P., & Snyder, J.J.（2015）. Reducing risks for problem behaviors during the high school transition: proximal outcomes in the Common Sense Parenting trial. *Journal of Child and Family Studies*, 24（9）, 2568-2578.

McGilloway, S., Mhaille, G.N., Bywater, T., Furlong, M., Leckey, Y., Kelly, P., Comiskey, C., & Donnelly, M.（2012）. A parenting intervention for childhood behavioral problems: a randomized controlled trial in disadvantaged community-based settings. *Journal of Consulting and Clinical Psychology*, 80（1）, 116-127.

Mihalic, S., Fagan, A., Irwin, K., Ballard, D., & Elliott, D.（2004）. *Blueprints for violence prevention*. Boulder: University of Colorado, Center for the study and prevention of violence.

宮口智恵・唐津亜矢子・岡本正子（2018）．子どもを虐待した親への支援──「CRC 親子プログラムふぁり」の実践をもとに．トラウマティック・ストレス，16（2），142-154.

宮井研治（2013）．社会的養護と児童相談所．子育て支援と心理臨床，7，26-31.

中井久夫（2004）．徴候・記憶・外傷．みすず書房.

信田さよ子（2020）．日本の DV 加害者プログラムの歴史．NPO 法人 RRP 研究会（編著）．DV 加害者プログラム・マニュアル．金剛出版，pp.10-13.

野末武義（2019）．Column ② システム論の落とし穴．中釜洋子・野末武義・布柴靖枝・無藤清子（編）家族心理学［第 2 版］─家族システムの発達と臨床的援助．有斐閣．pp.34.

Olds, D.L., Henderson, C.R.Jr., Cole, R., Eckenrode, J., Kitzman, H., Luckey, D., Pettitt, L., Sidora, K., Morris, P., & Powers, J.（1998）．Long-term effects of nurse home visitation on children's criminal and antisocial behavior: 15-year follow-up of a randomized controlled trial. *Journal of the American Medical Association*, 280（14），1238-1244.

才村純・澁谷昌史・柏女霊峰・庄司順一・有村大士・佐久間てる美・安部計彦・磯谷文明・犬塚峰子・太田和男・武井淳子・田中清美・田中隆志・津崎哲郎・野口啓示・福間徹・藤川浩・本間博彰・松本伊智朗・吉田恒雄（2005）．虐待対応等に係る児童相談所の業務分析に関する調査研究 児童相談所における家族再統合援助実施体制のあり方に関する研究．日本子ども家庭総合研究所紀要，42，147-175.

Sanders, M.R.（2012）．Development, evaluation, and multinational dissemination of the Triple P-Positive Parenting Program. *Annual Review of Clinical Psychology*, 8, 345-379.

佐々木大樹（2018a）．児童相談所における役割変遷と課題．京都大学大学院教育学研究科紀要，64，277-289.

佐々木大樹（2018b）．児童相談所心理職の実践と課題：文献レビューによる検討．コミュニティ心理学研究，21（2），136-152.

佐々木大樹・田中清美（2016）．児童虐待相談における介入役割から支援役割への変化．心理臨床学研究，34（1），73-82.

Schafer, C.E., & Briesmeister, J.M.（Eds.）（1989）．*Handbook of parent training: parents as co-therapists for children's behavior problems.* New York: Wiley. 山上敏子・大隈紘子（監訳）（1996）．共同治療者としての親訓練ハンドブック．二瓶社.

政策基礎研究所（2018）．平成 29 年度子ども・子育て支援推進調査研究事業　保護者支援プログラムの充実に関する調査研究報告書.

妹尾栄一（2015）．DV 加害者へのアプローチ．精神療法，41（1），53-56.

渋沢田鶴子（2010）．暴力と家族──アメリカにおける家族臨床の動向．家族療法研究,27(3)，258-264.

髙野嘉之（2020）．DV 加害者臨床の概要．NPO 法人 RRP 研究会（編著）．DV 加害者プログラム・マニュアル．金剛出版．pp.14-21.

髙橋郁絵（2020）．プログラム開始から終了までの流れ．NPO 法人 RRP 研究会（編著）．DV 加害者プログラム・マニュアル．金剛出版．pp.59-66.

髙岡昂太（2010）．子どもを虐待する養育者との対峙的関係に対する児童相談所臨床家のアプ

ローチ——アウトリーチから始まる関係構築の構造．心理臨床学研究，28（5），665-676.

田中清美（2018）．子どもを虐待した親への児童相談所における教育プログラム．こころの科学，202，2-8.

Thomas, R., Abell, B., Webb, H.J., Avdagic, E., & Zimmer-Gembeck, M.J.（2017）．Parent-Child Interaction Therapy: a meta-analysis. *Pediatrics*, 140(3),e20170352. https://doi. org/10.1542/peds.2017-0352.

渡辺隆（2004）．虐待する親への心理教育的介入——AD/HD を持つ子どもへの虐待事例の検討．家族療法研究，21（1），58-65.

第 6 章

Beck, J.S.（2005）．*Cognitive therapy for challenging problems*. New York: Guilford Press. 伊藤絵美・佐藤美奈子（訳）（2007）．認知療法実践ガイド：困難事例編——続・ジュディス・ベックの認知療法テキスト．星和書店.

Beck, J.S.（2011）．*Cognitive behavior therapy: basics and beyond 2nd edition*. New York: Guilford Press. 伊藤絵美・神村栄一・藤澤大介（訳）（2015）．認知行動療法実践ガイド：基礎から応用まで　第 2 版．星和書店.

千葉雅也（2020）．勉強の哲学——来たるべきバカのために　増補版．文藝春秋.

Cooper, M., & McLeod, J.（2011）．*Pluralistic counselling and psychotherapy*. London: Sage Publications. 末武康弘・清水幹夫（監訳）（2015）．心理臨床への多元的アプローチ——効果的なセラピーの目標・課題・方法．岩崎学術出版社.

土居健郎（2000）．土居健郎選集 8　精神医学の周辺．岩波書店.

藤岡淳子（2006）．性暴力の理解と治療教育．誠信書房.

原田誠一（2008）．精神療法の工夫と楽しみ．金剛出版.

原田誠一（2022）．精神療法の基礎と展開——「受容〜共感〜一致」を実践するために．金剛出版.

Hawkins, J.D., Catalano, R.F., & Miller, J.Y.（1992）．Risk and protective factors for alcohol and other drug problem in adolescence early adulthood: implications for substance abuse prevention. *Psychological Bulletin*, 112, 64-105.

Henggeler, S.W., Schoenwald, S.K., Borduin, C.M., Rowland, M.D., & Cunningham, P.B.（1998）．*Multisystemic treatment of antisocial behavior in children and adolescents*. New York: Guilford Press. 吉川和男（監訳）（2008）．児童・青年の反社会的行動に対するマルチシステミックセラピー（MST）．星和書店.

Hilt, R.J., & Nussbaum, A.M.（2016）．*DSM-5 pocket guide for child and adolescent mental health*. American Psychiatric Association Publishing. 髙橋三郎（監訳）染矢俊幸・江川純（訳）（2018）．DSM-5 児童・青年期診断面接ポケットマニュアル．医学書院.

伊藤絵美（2010）．認知行動療法実践ワークショップⅠ．星和書店.

門本泉（2019）．加害者臨床を学ぶ——司法・犯罪心理学現場の実践ノート．金剛出版.

神田橋條治（1990）．精神療法面接のコツ．岩崎学術出版社.

神田橋條治（1997）．対話精神療法の初心者への手引き．花クリニック神田橋研究会.

木村草太（2012）．キヨミズ准教授の法学入門．星海社．

Kohlenberg, R.J., & Tsai, M.（1991）. *Functional analytic psychotherapy: creating intense and curative therapeutic relationships.* New York: Plenum Publishing. 大河内浩人（監訳）（2007）．機能分析心理療法――徹底的行動主義の果て，精神分析と行動療法の架け橋．金剛出版．

國分功一郎・千葉雅也（2021）．言語が消滅する前に．幻冬舎．

Korzybski, A.（1958）. *Science and sanity: an introduction to non-aristotelian systems and general semantics 4th edition.* Lakeville, Conn.: The International Non-Aristotelian Library Publishing Company.

Lee, A.H., & Di Giuseppe, R.J.（2018）. Anger and aggression treatments: a review of meta-analyses. *Current Opinion in Psychology*, 19, 65-74.

丸山穂波（2002）．鳶職の丸太仮設の技術：上屋（素屋根）の例から．日本建築学会技術報告集，8（15），329-334.

Miller, W.R., & Rollnick, S.（2013）. *Motivational interviewing -helping people change- 3rd edition.* New York: Guilford Press. 原井宏明（監訳）原井宏明・岡嶋美代・山田英治・黒澤麻美（訳）（2019）．動機づけ面接〈第3版〉上．星和書店．

三田村仰（2017）．はじめてまなぶ行動療法．金剛出版．

Moffitt, T.E.（2005）. The new look of behavioral genetics in developmental psychopathology: gene-environment interplay in antisocial behaviors. *Psychological Bulletin*, 131（4），533-554.

中井久夫（1982）．精神科治療の覚書．日本評論社．

楢林理一郎（2013）．システム・サイバネティクス．日本家族研究・家族療法学会（編）．家族療法テキストブック．金剛出版．pp.28-31.

西見奈子（2008）．被害を訴える女性との面接過程――心的外傷の背景にあった羨望．精神分析研究，52（4），426-432.

NPO法人RRP研究会（編著）（2020）．DV加害者プログラム・マニュアル．金剛出版．

岡野憲一郎（2003）．自然流精神療法のすすめ――精神療法，カウンセリングをめざす人のために．星和書店．

岡野憲一郎（2009）．新外傷性精神障害――トラウマ理論を越えて．岩崎学術出版社．

Sexton, T.L.（2011）. *Functional family therapy in clinical practice: an evidence-based treatment model for working with troubled adolescents.* New York: Routledge. 岡本吉生・生島浩（監訳）（2017）．機能的家族療法――対応困難な青少年とその家族へのエビデンスにもとづいた処遇．金剛出版．

杉原保史（2016）．統合的アプローチによる心理援助の実際．精神療法，42（2），55-61.

鈴木浩之（2011）．児童相談所におけるファミリーグループ・カンファレンスの実際．林浩康・鈴木浩之（編著）佐藤和宏・妹尾洋之・新納拓爾・根本顕（著）．ファミリーグループ・カンファレンス入門：子ども虐待における「家族」が主役の支援．明石書店．pp.61-158.

田嶌誠一（2016）．その場で関わる心理臨床――多面的体験支援アプローチ．遠見書房．

髙橋靖恵（2014）．心理アセスメントを通して「臨床のこころ」を学ぶ．髙橋靖恵（編）．「臨

床のこころ」を学ぶ心理アセスメントの実際——クライエント理解と支援のために．金子書房．pp.1-11.

髙橋靖恵（2021）．総括：現代社会に必要な心理臨床における心理アセスメント——ライフステージと領域を念頭に．髙橋靖恵（編）．ライフステージを臨床的に理解する心理アセスメント．金子書房．pp.115-129.

田中泉吏（2008）．進化生物学におけるモデルと多元論．科学哲学科学史研究，2，29-42.

第 7 章

Allen, J.G., Fonagy, P., & Bateman, A.W.（2008）．*Mentalizing in clinical practice.* Washington,D.C.: American Psychiatric Publishing. 狩野力八郎（監修）上地雄一郎・林創・大澤多美子・鈴木康之（訳）（2014）．メンタライジングの理論と臨床．北大路書房．

Beck, J.S.（2005）．*Cognitive therapy for challenging problems.* New York: Guilford Press. 伊藤絵美・佐藤美奈子（訳）（2007）．認知療法実践ガイド：困難事例編——続・ジュディス・ベックの認知療法テキスト．星和書店．

Bion, W.R.（1962）．*Learning from experience.* London: William Heinemann Medical Books.

Fujii, K., Isaka, T., Kouzaki, M., & Yamamoto, Y.（2015）．Mutual and asynchronous anticipation and action in sports as globally competitive and locally coordinative dynamics. *Scientific Reports,* 5（16140）. https://doi.org /10.1038/srep16140.

池田暁史（2021）．メンタライゼーションを学ぼう——愛着外傷をのりこえるための臨床アプローチ．日本評論社．

皆藤章（2014）．序論．皆藤章（編）．心理臨床実践におけるスーパーヴィジョン——スーパーヴィジョン学の構築．日本評論社．pp.10-34.

神田橋條治（1990）．精神療法面接のコツ．岩崎学術出版社．

神田橋條治（1994）．追補精神科診断面接のコツ．岩崎学術出版社．

神田橋條治（2022）．「心身養生のコツ」補講 51 ～ 104．岩崎学術出版社．

神田橋條治・白柳直子（2018）．神田橋條治の精神科診察室——発達障害・愛着障害・双極性障害・うつ病・依存症・統合失調症の治療と診断．IAP 出版．

Linehan, M.M.（1993）．*Cognitive-behavioral treatment of borderline personality disorder.* New York: Guilford Press. 大野裕（監訳）（2007）．境界性パーソナリティ障害の弁証法的行動療法——DBT による BPD の治療．誠信書房．

岡野憲一郎（2008）．治療的柔構造——心理療法の諸理論と実践との架け橋．岩崎学術出版社．

岡野憲一郎（2011）．関係精神分析の展望．岡野憲一郎・吾妻壮・富樫公一・横井公一（著）．関係精神分析入門——治療体験のリアリティを求めて．岩崎学術出版社．pp.2-19.

岡野憲一郎（2015）．「汎用性のある精神療法」の方法論の構築．精神療法，増刊第 2 号　現代の病態に対する〈私の〉精神療法，63-69.

岡野憲一郎（2017）．快の錬金術——報酬系から見た心．岩崎学術出版社．

Salzberger-Wittenberg, I., Henry, G., & Osborne, E.（Eds.）（1983）．*The emotional experience of learning and teaching.* London: Karnac books. 平井正三・鈴木誠・鵜飼奈津子（監訳）（2008）．学校現場に生かす精神分析——学ぶことと教えることの情緒的体験．岩崎学術出版社．

田嶌誠一（2019）．イメージの治癒力──フリー・イメージによる面接経験から．成瀬悟策（監修）田嶌誠一（編著）．壺イメージ療法──その生いたちと事例研究．創元社．pp.57-81.

髙橋靖恵（2014）．スーパーヴィジョン学の構築．皆藤章（編）．心理臨床実践におけるスーパーヴィジョン──スーパーヴィジョン学の構築．日本評論社．pp.150-174.

當眞千賀子（2016）．護り護られて生きる：「アタッチメント」の活かし方．教育と医学，64（11），62-71.

鵜飼奈津子（2010）．子どもの精神分析的心理療法の基本．誠信書房．

Wheatstone, C.（1838）. Xv ⅲ . contributions to the physiology of vision, part the first: on some remarkable, and hitherto unobserved, phenomena of binocular vision. *Philosophical Transactions of the Royal Society of London*, 128, 371-394. https://doi.org/10.1098/rstl.1838.0019.

第8章

Allen, J.G., Fonagy, P., & Bateman, A.W.（2008）. *Mentalizing in clinical practice*. Washington,D.C.: American Psychiatric Publishing. 狩野力八郎（監修）上地雄一郎・林創・大澤多美子・鈴木康之（訳）（2014）．メンタライジングの理論と臨床．北大路書房．

馬場禮子（1999）．精神分析的心理療法の実践．岩崎学術出版社．

Britton, R.（2005）. Re-enactment as an unwitting professional response to family dynamics. Bower, M.（Ed.）. *Psychoanalytic theory for social work practice: thinking under fire*. London: Routledge, pp.165-174.

藤岡淳子（2010）．性的問題行動のある子どもへの援助（在宅児童）大阪府すこやか家族再生応援事業　平成20年〜21年　研究報告書．

藤岡淳子（2012）．性暴力行動の評価と介入．精神科治療学，27（6），751-756.

Henggeler, S.W., Schoenwald, S.K., Borduin, C.M., Rowland, M.D., & Cunningham, P.B.（1998）. *Multisystemic treatment of antisocial behavior in children and adolescents*. New York: Guilford Press. 吉川和男（監訳）（2008）．児童・青年の反社会的行動に対するマルチシステミックセラピー（MST）．星和書店．

Kahn, T.（2002）. *Pathways guide for parents of children and adolescents with sexual behavior problems 3rd Edition*. Brandon, VT: Safer Society Foundation. 藤岡淳子（監訳）（2009）．〈性問題行動・性行動の治療教育1〉回復への道のり　親ガイド──性問題行動のある子どもをもつ親のために．誠信書房．

Kahn, T.（2007）. *Roadmaps to recovery: a guided workbook for children in treatment 2nd Edition*. Brandon, VT: Safer Society Foundation. 藤岡淳子（監訳）（2009）．〈性問題行動・性行動の治療教育3〉回復への道のり　ロードマップ──性問題行動のある児童および性問題行動のある知的障害をもつ少年少女のために．誠信書房．

Moffitt, T.E.（2005）. The new look of behavioral genetics in developmental psychopathology: gene-environment interplay in antisocial behaviors. *Psychological Bulletin*, 131, 533-554.

野村和孝・松本拡・生川良・嶋田洋徳（2013）．性犯罪再発防止を目的とした認知行動療法

の実施における施設内処遇と社会内処遇の差異の検討. 早稲田大学臨床心理学研究, 12(1), 153-160.

Oppenheim, D., Goldsmith, D., & Koren-Karie, N.（2004）. Maternal insightfulness and preschoolers' emotion and behavior problems: reciprocal influences in a therapeutic preschool program. *Infant Mental Health Journal*, 25（4）, 352-367.

Raine, A.（2013）. *The anatomy of violence.* New York: Pantheon. 高橋洋（訳）（2015）. 暴力の解剖学──神経犯罪学への招待. 紀伊國屋書店.

佐々木大樹・田中清美（2016）. 児童虐待相談における介入役割から支援役割への変化. 心理臨床学研究, 34（1）, 73-82.

Sexton, T.L.（2011）. *Functional family therapy in clinical practice: an evidence-based treatment model for working with troubled adolescents.* New York: Routledge. 岡本吉生・生島浩（監訳）（2017）. 機能的家族療法──対応困難な青少年とその家族へのエビデンスにもとづいた処遇. 金剛出版.

田嶋誠一（2011）. 児童福祉施設における暴力問題の理解と対応. 金剛出版.

月森久江（編）（2005）. 教室でできる特別支援教育のアイデア172　小学校編. 図書文化社.

Williams, A.H.（1998）. *Cruelty, violence, and murder: understanding the criminal mind.* London: Karnac Books.

全日本手をつなぐ育成会（2005）. 性・SAY・生　自立生活ハンドブック16. 全日本手をつなぐ育成会.

第9章

Allen, J.G., Fonagy, P., & Bateman, A.W.（2008）. *Mentalizing in clinical practice.* Washington, D.C.: American Psychiatric Publishing. 狩野力八郎（監修）上地雄一郎・林創・大澤多美子・鈴木康之（訳）（2014）. メンタライジングの理論と臨床. 北大路書房.

Beck, S.（1985）. Self-Monitoring. In Bellack, A.S. & Hersen, M.（Eds.）. *Dictionary of behavior therapy techniques.* New York: Pergamon Press. pp.184-185. 山上敏子（監訳）（1987）. 行動療法辞典. 岩崎学術出版社.

Greene, G.J., Lee, M.Y., Trask, R., & Rheinscheld, J.（2000）. How to work with clients' strengths in crisis intervention: an solution-focused approach. Roberts, A.R.（Ed.）. *Crisis intervention handbook: assessment, treatment and research.* Oxford: Oxford University Press. pp.31-55.

神田橋條治（2021）. 複雑なPTSDの治療手順. 原田誠一（編）複雑性PTSDの臨床. 金剛出版. pp.25-36.

木部則雄（2017）. 研修症例「生後3か月から虐待を受けた男児との心理療法」について. 精神分析研究, 61（4）, 545-546.

伊藤絵美（2016）. 認知療法系CBTの理論とモデル. 臨床心理学, 16（4）, 385-388.

Luborsky, L.（1984）. *Principles of psychoanalytic psychotherapy: a manual for supportive-expressive treatment 1ˢᵗ edition.* New York: Basic Books. 竹友安彦（監訳）（1990）. 精神分析的精神療法の原則：支持−表出法マニュアル. 岩崎学術出版社.

Miller, W.R., & Rollnick, S.（2013）. *Motivational interviewing -helping people change- 3rd edition.* New York: Guilford Press. 原井宏明（監訳）原井宏明・岡嶋美代・山田英治・黒澤麻美（訳）（2019）. 動機づけ面接〈第3版〉上. 星和書店.

Moffitt, T.E.（2005）. The new look of behavioral genetics in developmental psychopathology: gene-environment interplay in antisocial behaviors. *Psychological Bulletin,* 131, 533-554.

村瀬嘉代子（2003）. 統合的心理療法の考え方. 金剛出版.

中井久夫（1982）. 精神科治療の覚書. 日本評論社.

大久保牧子・山本恒雄（2014）. 問題行動により，児童養護施設で不適応を起こした児童の支援. 日本子ども家庭総合研究所紀要, 50, 253-269.

Roberts, A.R., & Ottens, A.J.（2005）. The seven-stage crisis intervention model: a road map to goal attainment, problem solving, and crisis resolution. *Brief Treatment and Crisis Intervention,* 5（4）, 329-339.

斎藤環（2018）. オープンダイアローグの日本への導入に際して懸念されること. 精神科治療学, 33（3）, 275-282.

田嶋誠一（2011）. 児童福祉施設における暴力問題の理解と対応. 金剛出版.

van der Kolk, B.（2014）. *The body keeps the score: brain, mind and body in healing of trauma.* New York: Viking. 柴田裕之（訳）（2016）. 身体はトラウマを記録する――脳・心・体のつながりと回復のための手法. 紀伊國屋書店.

Wachtel, P.L.（2011）. *Therapeutic communication: knowing what to say when. 2nd edition.* New York: Guilford Press. 杉原保史（訳）（2014）. 心理療法家の言葉の技術 第2版. 金剛出版.

Williams, A.H.（1998）. *Cruelty, violence, and murder: understanding the criminal mind.* London: Karnac Books.

最終章

Bedi, R.P., Davis, M.D., & Williams, M.（2005）. Critical incidents in the formation of the therapeutic alliance from the client's perspective. *Psychotherapy: Theory, Research, Practice, Training,* 42（3）, 311-323.

千葉雅也（2022）. 現代思想入門. 講談社.

Cooper, M., & McLeod, J.（2011）. *Pluralistic counselling and psychotherapy.* London: Sage Publications. 末武康弘・清水幹夫（監訳）（2015）. 心理臨床への多元的アプローチ――効果的なセラピーの目標・課題・方法. 岩崎学術出版社.

Dante, A.（1975）. *La Divina Commedia secondo l'antica vulgata, Inferno.* a cura di Giorgio Petrocchi, Società Dantesca Italiana Edizione Nazionale. Milano: Mondadori. 藤谷道夫（2011）. ダンテ『神曲』地獄篇対訳（下）. 帝京大学外国語外国文学論集, 17, 63-261.

藤田明日果（2018）, 出会いに恵まれ，感謝し，憧れ，今度は憧れの存在になれるように. 子どもと福祉, 11, 43-46.

皆藤章（2018）. 心理臨床家のあなたへ――ケアをするということ. 福村出版.

神田橋條治（1994）．追補精神科診断面接のコツ．岩崎学術出版社．

神田橋條治（2010）．物語「陰陽論で精神科治療を」．神田橋條治・原田誠一・渡邊衡一郎・菊池俊暁（著）．座談会 うつ病治療──現場の工夫より．メディカルレビュー社，pp.197-207．

神田橋條治（2019）．心身養生のコツ．岩崎学術出版社．

Kasulis, T.P.（2002）．*Intimacy or integrity: philosophy and cultural difference*. Honolulu: University of Hawai'i Press. 衣笠正晃（訳）（2016）．インティマシーあるいはインテグリティ──哲学と文化的差異．法政大学出版局．

河合隼雄（1970）．カウンセリングの実際問題．誠信書房．

村上英治（1992）．人間が生きるということ．大日本図書．

Prasko, J., Diveky, T., Grambal, A., Kamaradova, D., Mozny, P., Sigmundova, Z., Slepecky, M., & Vyskocilova, J.（2010）. Transference and countertransference in cognitive behavioral therapy. *Biomedical Papers of the Medical Faculty of the University Palacký, Olomouc, Czechoslovakia*, 154（3）, 189-197. https://doi.org/10.5507/bp.2010.029.

Schnyder, U., Bryant, R.A., Ehlers, A., Foa, E.B., Hasan, A., Mwiti, G., Kristensen, C.H., Neuner, F., Oe, M., & Yule, W.（2015）. Culture-sensitive psychotraumatology. *European Journal of Psychotraumatology*, 7, 31179. https://doi.org/10.3402/ejpt.v7.31179.

白川静（1996）．字通．平凡社．

杉本達夫・牧田英二（編）（2010）．クラウン日中辞典．三省堂．

Symington, N.（1986）．*The analytic experience: lectures from the Tavistock*. London: Free Association Books. 成田善弘（監訳）北村婦美・北村隆人（訳）（2006）．分析の経験──フロイトから対象関係論へ．創元社．

高橋哲哉（2015）．デリダ 脱構築と正義．講談社．

土田昇（2017）．職人の近代──道具鍛冶千代鶴是秀の変容．みすず書房．

土田昇（2020）．刃物たるべく──職人の昭和．みすず書房．

Vyskocilova, J., Prasko, J., & Slepecky, M.（2011）. Empathy in cognitive behavioral therapy and supervision. *Activitas Nervosa Superior Rediviva*, 53（2）, 72-83.

索　　引

初出一覧

第1章〜第7章，最終章

博士論文『児童福祉領域における暴力を巡る心理臨床学的論考』

第8章

佐々木大樹（2015）．性加害行動をした児童への法的必要性に基づく支援の実践．心理臨床学研究，33（1），70-80．

第9章

佐々木大樹（2017）．児童相談所での回数制限面接による施設入所児への危機介入．心理臨床学研究，35（5），549-555．

＊本書の出版に当たり，各論文について大幅に加筆修正を施した。

［著者略歴］

佐々木大樹 (ささき・だいき)

愛知県立時習館高等学校卒業後，大阪大学人間科学部，中京大学大学院心理学研究科を経て，京都大学大学院教育学研究科博士後期課程修了。高校時代は生命科学の研究に関心を持つ。高校卒業後，人間科学（学士）・心理学（修士）・教育学（博士）と異なる学問領域で学位を修める。日本心理臨床学会学術誌編集委員(第7期)。神田橋條治医師に師事し，10年にわたり陪席。公認心理師，臨床心理士，臨床発達心理士スーパーバイザーの他，産業カウンセラーの資格を持ち，大手企業でのキャリアカウンセリング経験もある。愛知県入庁後は，児童相談所で心理職を15年，福祉職を2年務め，専門職向けの研修も多数担う。現在，東海学園大学心理学部准教授／愛知県海部児童・障害者相談センター。

「脱構築」をテーマに，サイエンス・実学，国立大学・私立大学，民間企業・公務員，心理職・福祉職，現場・学術機関と，対極的なフィールドを横断できるキャリアを実験的に歩み続けている。博士論文も児童福祉司として勤務しながら執筆。実験的キャリアを通じて「どの現場の支援・経験も，その現場にとってだけではなく，学術的な意味においても価値がある」と感じている。哲学・文学，文化・芸術，芸能・スポーツへの関心も広く，尊敬するアーティストは，千代鶴是秀，草間彌生，坂口恭平，西島隆弘。

著書：『風景構成法の現在』(誠信書房，共著)，『初期非行の指導』(愛知教育大学出版，共著)，『現実に介入しつつ心に関わる　展開編』(金剛出版，共著)。

暴力を手放す
児童虐待・性加害・家庭内暴力へのアプローチ

2023 年 4 月 20 日　発行
2024 年 2 月 29 日　2 刷

著　者　佐々木大樹
発行者　立石正信

装丁　臼井新太郎
装画　OJIYU
印刷・製本　モリモト印刷

株式会社　金剛出版
〒 112-0005　東京都文京区水道 1-5-16
　　　　　　電話 03（3815）6661（代）
　　　　　　振替 00120-6-34848

ISBN978-4-7724-1961-1　C3011
Printed in Japan ©2023

児童福祉施設における
暴力問題の理解と対応
続・現実に介入しつつ心に関わる

[著]=田嶌誠一

●A5判 ●上製 ●752頁 ●定価 **9,350**円
● ISBN978-4-7724-1217-9 C3011

児童福祉施設における暴力問題の現状理解と対応について
詳細に述べた画期的大著。
子どもの成長基盤としての安心・安全を実践から徹底追求。

現実に介入しつつ心に関わる［展開編］
多面的援助アプローチの実際

[編著]=田嶌誠一

●A5判 ●上製 ●400頁 ●定価 **4,840**円
● ISBN978-4-7724-1476-0 C3011

不登校やいじめ、青少年との心の相談活動や
居場所づくりとネットワークを活用した
独創的な田嶌誠一の心理的援助。

現実に介入しつつ心に関わる
多面的援助アプローチと臨床の知恵

[著]=田嶌誠一

●A5判 ●上製 ●280頁 ●定価 **4,180**円
● ISBN978-4-7724-1103-5 C3011

あらゆる臨床現場で、クライエントのニーズに応えるべく、
心理療法を実践してきた著者が、
効果的な面接のコツをわかりやすく解説。

価格は10%税込です。

性暴力被害の心理支援

[編著]=齋藤 梓　岡本かおり

●A5判 ●並製 ●248頁 ●定価 **3,520**円
● ISBN978-4-7724-1922-2 C3011

性犯罪や性暴力の被害に遭った方を支援する際に、
知っておくべき基礎的な知識や心理支援の基本を、
架空事例をとおして詳述する。

子どもを虐待から守る科学
アセスメントとケアのエビデンス

[編]=原田隆之
[著]=堀口康太　田附あえか　原田隆之

●A5判 ●並製 ●176頁 ●定価 **2,860**円
● ISBN978-4-7724-1783-9 C3011

児童虐待はどこまで解明されているか。
データをもとに正確なアセスメントとケアの根拠を携えるための
「児童虐待と闘う科学」。

子ども虐待とトラウマケア
再トラウマ化を防ぐトラウマインフォームドケア

[著]=亀岡智美

●A5判 ●上製 ●232頁 ●定価 **3,740**円
● ISBN978-4-7724-1758-7 C3011

トラウマインフォームドケア、TF-CBT、アタッチメントなど
現代のトラウマケアに欠かせない
さまざまな視点を網羅し、臨床に活かす。

価格は10%税込です。

加害者臨床を学ぶ
司法・犯罪心理学現場の実践ノート

[著]=門本 泉

●四六判 ●上製 ●240頁 ●定価 **3,520**円
● ISBN978-4-7724-1704-4 C3011

不適応と逸脱の果てに罪を負い、閉ざされた塀のなかで専門家と出会い、
贖いとエゴの葛藤から一歩を踏み出そうとする加害者たち――
共に歩むひとりの臨床家の実践レポート。

DV 加害者プログラム・マニュアル

[編著]=NPO法人リスペクトフル・リレーションシップ・プログラム
研究会（RRP研究会）
[編集協力者]=森田展彰 髙橋郁絵 古賀絵子 古藤吾郎 髙野嘉之

●B5判 ●並製 ●272頁 ●定価 **3,740**円
● ISBN978-4-7724-1746-4 C3011

DV 加害者臨床をめぐる歴史から最新の理論・技法までを一挙掲載。
これから DV 加害者の教育・相談に取り組もうとする支援者に、
蓄積された知識や実用されてきた支援法を伝える必携マニュアル。

DV にさらされる子どもたち 新訳版
親としての加害者が家族機能に及ぼす影響

[著]=ランディ・バンクロフト ジェイ・G・シルバーマン
[著]=幾島幸子

●四六判 ●並製 ●336頁 ●定価 **3,080**円
● ISBN978-4-7724-1870-6 C3011

今や広く知られるようになった心理的子ども虐待＝「面前 DV」の
甚大な影響を指摘した現代の古典、
新装新訳版で待望の復刊！

価格は10%税込です。